Andreas Martin
Die Bibel

Andreas Martin

Die Bibel

Grundkurs Christentum

benno

Bibliografische Information Der Deutschen Bibliothek
Die Deutsche Bibliothek verzeichnet diese Publikation
in der Deutschen Nationalbibliografie;
detaillierte bibliografische Daten sind im Internet über
http://dnb.ddb.de abrufbar.

Besuchen Sie uns im Internet unter:
www.st-benno.de

ISBN 978-3-7462-2652-1

© St. Benno-Verlag GmbH
Stammerstr. 11, 04159 Leipzig
Umschlaggestaltung: Ulrike Vetter, Leipzig,
unter Verwendung eines Bildes von
© picture-alliance/akg-images/Werner Unfug
Gesamtherstellung: Kontext, Lemsel (A)

Inhalt

HINFÜHRUNG	8
WAS, DU LIEST DIE BIBEL? – EINE EINFÜHRUNG	8
DIE BIBEL IST KEIN BUCH – DIE BIBEL IST EINE BIBLIOTHEK!	10
VON WO FLIEGEN WIR LOS? – EIN ÜBERBLICK	13
DIE BIBEL UND IHRE GESCHICHTE – EIN LANGSTRECKENFLUG	15
DER FLUG BEGINNT ... – ODER WIE LIEST MAN IN DER BIBEL?	17
GOTT SPRICHT NICHT WIE EIN ÜBERFLIEGER – GOTT SPRICHT IN MENSCHLICHEN WORTEN	21
BIBEL MIT BODENKONTAKT – DIE ENTSTEHUNG	25
HÖHEPUNKTE DER BIBEL	27

Inhalt

6

Wir bauen einen Turm bis in den Himmel –
Hintergründe einer Erzählung   27

Josef träumt, lebt in den Sternen –
Ein Typ in der Bibel   32

„Ich bin da" – Offenbarung im Dornbusch   38

Die Bundeslade flugs erbeutet –
Die Zehn Gebote   45

Hiobs- oder Heilsbotschaft –
worauf fliegen wir zu?   50

Fliegen und Psalmodieren! –
Das Buch der Psalmen   54

Ein Hoheslied auf die liebe –
Die Bibel als Erfahrungsbuch für alle   59

Das Markus-Evangelium –
Jesus ist Mensch und Gott zugleich   63

Johannes der Adler –
Nähe zu Christus und seinem Wort   68

Synopse: Zusammenschau aus der Höhe –
Die vier Evangelien   72

Inhalt

Pfingsten – Der Geist landet 78

Das Hohelied der Liebe setzt seinen Flug fort – Gemeindeprobleme gestern und heute 82

Leicht entflammbar – Martin Luther oder wie man das Wort Gottes am besten verdaut 86

Apokalyptische Reiter jagen durch die Luft – Am Ende steht der Anfang 89

Die Bücher der Bibel – eine Übersicht 93

HINFÜHRUNG

Was, du liest die Bibel? – Eine Einführung

Nun, so habe ich nicht gerade zurückgefragt in dem Gespräch mit einem Studenten. Aber zurückgefragt habe ich: „Wie liest du denn die Bibel?" – „Na, einfach so von vorn nach hinten!", war die spontane Antwort, „mich interessiert das alles, ich finde es spannend!"
Ein „Jahr der Bibel", „Pro Christ" und Kirchentage hinterlassen „biblische" Spuren; der Papst, Fernsehprediger, das „Wort zum Tag" im Radio – all das macht auf dieses „Buch der Bücher" aufmerksam, macht neugierig, fordert heraus, selbst einmal nachzuschlagen.
Es sollte aber erlaubt sein, eine kleine Anleitung zum Lesen der Bibel anzubieten.
Und deshalb: Was erwartet Sie in diesem Büchlein?
Kein Hebräisch-, Griechisch- oder Lateinkurs, kein Bibel-Zitate-Salat, keine endgültige Auslegung der Bibel, überhaupt kein fertiges Menü. Sie erwartet eine Entdeckungsreise in ein

Reich von großer Schönheit und Weisheit, in ein Reich der Hoffnungen und Sehnsüchte, in ein Reich tausendjähriger Erfahrung mit dem Wissen um Versagen, Liebe und Vergebung, in ein Reich, in dem es „menschelt" und das doch schon vom Reich der Himmel spricht und lebt. Die Bibel soll in ihrem Aufbau erklärt, manch Un- oder Schwerverständliches beleuchtet, wichtige Texte hervorgehoben und in ihrer Wirkung durch die Zeit aufgezeigt werden.

Menschen von heute und Weise alter Zeiten kommen zu Wort und sprechen von ihrer Erfahrung mit der Bibel.

Die Bibel ist ein Buch zum Leben. So wie ein Flugzeug erst dann etwas taugt, wenn sich einer hineinsetzt und losfliegt, wird die Bibel lebendig, wenn wir mit dem Bibel-Flugzeug durch das eigene Leben fliegen. Doch Fliegen will eben gelernt sein.

Nach der Lektüre des „Flugplans" sollte es uns möglich sein, erste Testflüge zu absolvieren, Kontakt mit dem Bodenpersonal weltweit aufzunehmen, vielleicht sogar hinter die Kulissen zu schauen, sozusagen ins Herz dieser „Maschine". Guten Flug!

Die Bibel ist kein Buch –
Die Bibel ist eine Bibliothek

Heilige Schrift als Wort Gottes kommt immer von dem sprechenden Gott her. Das Wort Gottes ist in diesem Sinne „viva vox", d.h. lebendige und lebensschaffende Stimme.
Karl Kardinal Lehmann

Wie? Was? – Ja, die Bibel, das sind mehrere und sehr verschiedene Bücher. Das griechische Wort ‚biblíon' bezieht sich auf den Ortsnamen der phönikischen Stadt Byblos (heute: Dschebél, zwischen Tripolis und Beirut gelegen), die wegen ihrer Papyrusproduktion berühmt war. Die Mehrzahlform ‚ta biblía' (= Bücher oder Büchersammlung!), die eigentlich ein Neutrum darstellt, kam als weibliches Lehnwort ins mittelalterliche Latein (da Endung auf –a!), und so wurden die Bücher der Heiligen Schrift zu dem einem Buch, eben der Bibel.
Die eine Bibel besteht aus 73 Einzelschriften, von denen mehrere den Namen Buch verdienen. Sie gliedert sich in zwei Teile: das Alte Testament (meist AT abgekürzt mit 46 Schrif-

ten) und das Neue Testament (oder NT mit 27 Schriften), wobei nur das Alte Testament und auch davon nur ein Teil die jüdische Heilige Schrift bildet. (Die Kirchen der Reformation erkennen nach der jüdischen Tradition 39 Schriften als AT an.)

Das AT ist uns hauptsächlich durch die Bücher Mose bekannt, in denen so genannte ‚Biblische Geschichten' erzählt werden: die Erschaffung der Welt in 7 Tagen, die Geschichte von Adam und Eva und vom Apfel – der aber auch gut eine Grapefruit gewesen sein kann! –, von den Plagen in Ägypten, von den 10 Geboten, von den 40 Jahren Wüstenzeit und v.a.m. Weniger bekannt, doch für Juden und Christen nicht weniger bedeutsam sind die prophetischen Bücher (Sie kennen sicher die ‚story' von Jona, der von einem Walfisch verschluckt wurde, allerdings zu Rettungszwecken!), die Weisheitsliteratur, die Psalmen, Geschichts- und Trostbücher, ja selbst Lieder und Liebeslyrik finden sich im AT.

Das NT dagegen hat mit Jesus Christus, Gottes Sohn, zu tun, der alle Prophezeiungen und Visionen des AT in Bezug auf einen kommenden Erlöser (=Messias) für sich in Anspruch nahm. Von seinem Leben und Wirken berichten die Evangelien (Eu-angelion, griech. frohe Botschaft, gute Nachricht, ‚top message'), sowie

eine Briefsammlung der Nachfolger Jesu (z.B. des Apostels Paulus), einschließlich eines visionären Buches, „Offenbarung des Johannes" genannt.
Die Bücher des Alten Testaments sind meist in Hebräisch abgefasst (Teile in Aramäisch, einem hebräischen Dialekt, dessen Klang vielen noch aus dem Film ‚Passion' von Mel Gibson im Ohr sein dürfte!). Auch Griechisch wurde in späten Schriften des AT benutzt, eine Sprache, die dann auf Grund der politischen Verhältnisse hauptsächlich zur Abfassung der neutestamentlichen Schriften diente. Selbst die Römer bedienten sich dieses Koiné(=Umgangs)-Griechisch. Anders als der Koran für die Muslime ist den meisten Christen die Bibel jedoch nur aus Übersetzungen in ihre Muttersprache bekannt.

Von wo fliegen wir los? – Ein Überblick

Wenn du ein Schiff bauen willst, so trommle nicht Männer zusammen, um Holz zu beschaffen und Werkzeuge vorzubereiten oder die Arbeit einzuteilen und Aufgaben zu vergeben ..., sondern lehre die Männer die Sehnsucht nach dem endlosen Meer.

Antoine de Saint-Exupery

Kehren wir zu unserem Vergleich zurück: Die Bibel lesen und verstehen ist wie eine Reise im Flugzeug, das wir selbst steuern wollen und das uns dann zu neuen Horizonten führt.
Saint-Exupery, der weltbekannte Autor des „Kleinen Prinzen", war ebenfalls ein begeisterter Flieger, und wenn auch das obige Zitat vom Meer und der Seefahrt spricht, so lässt es sich auch auf den Flieger St-Ex, wie ihn seine Freunde nannten, ebenso gut anwenden. Das entscheidende Organ zur See und zu Wasser ist für ihn das Herz, mit dem allein man gut sieht, nämlich das Wesentliche an den Dingen und an den Menschen. Freilich, Saint-Exupery selbst „war ein Träumer", so urteilten schon seine Zeitgenossen. Wegen seiner Träumerei ist er

einige Male bei Testflügen abgestürzt, und auch das nun nach 60 Jahren geborgene Frack zeigte keine Spur von Einschüssen. Fliegen heißt Träumen, aber es darf wohl nicht jedesmal mit einem Absturz enden.

Dazu aber gilt es fliegen zu lernen, und drei Wege bieten sich uns an:

1. Mitfliegen: Sicher der einfachste Einstieg, um erst einmal Fühlung aufzunehmen. Doch wir spüren schon, dass hier das eigene Mittun zu kurz kommt.
2. Einsteigen und nach einigen Erklärungen losfliegen: Das ist was für Abenteurer, und irgendwie braucht es dann doch ständig die Hilfe des Fluglehrers neben uns, an ein Genießen der Reise ist noch nicht recht zu denken.
3. Sich einen Überblick verschaffen und Flugstunden nehmen: Das dauert zwar bis zum ersten Alleinflug etwas länger, öffnet dann aber wirklich neue Horizonte.

Wir werden hier den 3. Weg einschlagen (Wer trotzdem schon mal in die Bibel reinschaut, muss dabei beileibe kein schlechtes Gewissen bekommen, denn _ein_ Fluglehrer steht sozusagen immer unsichtbar neben uns: der Geist Gottes, ohne den sowieso nichts recht verstanden werden kann.)

Die Bibel und ihre Geschichte – ein Langstreckenflug

Auf die Frage, welches Buch ihn am meisten beeinflusst habe, antwortet Bertolt Brecht: „Sie werden lachen: Die Bibel."

Die Geschichte beginnt „bei Adam und Eva", d.h. sie beginnt in einer Familie, einem Stamm, ja einem Volk, eben dem jüdischen, von dem es in der Bibel später heißt: „Nur euch habe ich auserwählt aus allen Stämmen der Erde" (Am 3,2).
Dieses Erwählungsbewusstsein, eine lange mündliche Weitergabe von Erfahrungen, sowie die Herausbildung einer politischen, staatstragenden Struktur des Volkes Israel sind Voraussetzungen für die Schriftwerdung der Schrift!
In meiner Kindheit lebten bei uns zu Hause vier Generationen zusammen. Die Dinge, die meine Urgroßmutter von der Heimat im Böhmischen erzählte, die Erlebnisse mit Zigeunern, von der Not auf dem Land, von Menschen aus ihrer Zeit, die so bis ins ausgehende 19. Jh. zurückreichte, waren für mich und meinen Bruder eine absolut glaubwürdige Gegeben-

heit, ja sie gehörten damit zu dem Erfahrungsschatz, den die ganze Familie hütete. Nach dem Tod der Urgroßmutter war es die Großmutter, die viele der alten Geschichten wiederholte. Einen Teil hatte sie noch selbst erlebt, anderes einfach von ihrer Mutter übernommen. Ich hörte die Geschichten immer wieder gern und war oft überrascht, mit welcher Genauigkeit sie erzählt wurden. Nach meiner Mutter könnte auch ich heute noch die eine oder andere erzählen, obwohl es dabei schon arg hapert ... Zum Glück! Oma schrieb ja Tagebuch. Das erste wurde Opfer der Vertreibung (Schriften gehen auch verloren!), das neue führt nun meine Mutter fort. Aber Mutter liegt das Tagebuch schreiben nicht, und nach ihr wird es vielleicht niemanden mehr geben, der weiterschreibt.
Auch hier also ein Verschriftungsprozess. Und es gibt ähnliche Erfahrungen. Da gründet sich ein Verein, eine Partei, da werden die Olympischen Spiele neu belebt ... und nach 20, 30 Jahren sagt einer: Das müssen wir jetzt aber bald mal alles aufschreiben, solange die ersten, die alten, unsere Veteranen noch leben. Selbst Gesetzessammlungen, dem „Knigge", einem Kuchenrezept und einem Poesiealbum haftet etwas an von Festhalten, Erinnern, Vergegenwärtigen. Selbst jeder Grabstein erfüllt diese Funktion ...

Der Flug beginnt ...
oder wie liest man in der Bibel?

Eine gründliche Kenntnis der Bibel ist mehr wert als ein Universitätsstudium.

Theodore Roosevelt

Schlagen wir doch jetzt einfach mal die Bibel auf! Da finden wir als erstes den gewaltigen Satz: „Im Anfang schuf Gott Himmel und Erde" (Gen 1,1). Warum habe ich ihn ‚gewaltig' genannt? Nun, in einem Satz ist hier folgendes ausgesagt: 1. Gott war vor allem Anfang, ja, er ist selbst der „Anfang". 2. „Gott schuf": Hier muss man auf das hebräische Original zurückgreifen, um zu verstehen, dass dieses Schaffen nichts mit einem nur handwerklichen Tun zu schaffen hat. Das hier verwendete Verb ‚bara̲' (= er schuf) wird nur von Gott ausgesagt und nur vom Akt des Er-schaffens, was heute oft mit der Erklärung „aus dem Nichts erschaffen" versehen wird. 3. „Himmel und Erde" steht für alles! Das begreifen wir selbst nach weit über 2000 Jahren, denn noch heute verwenden wir diese Wendung, wenn wir eben ‚alles' meinen.

Im Altertum herrschte die Vorstellung, dass der Himmel sich wie eine Glocke über die flache Scheibe der Erde wölbte, und unter dieser ‚Käseglocke' war eben alles. (Was aber wohl nicht heißen darf: ‚Alles Käse!')
Mit diesem ersten Satz der Bibel auf den Lippen oder doch zumindest in Sinn und Herz sollten wir uns einmal auf eine sonnige Höhe setzen und die vor uns ausgebreitete Schöpfung betrachten – was alles gerät da nicht in Schwingung in uns?!
Und unversehens haben wir soeben etwas getan, das zur Beschäftigung mit der Bibel unabdingbar gehört: Wir haben sie:

- gelesen
- erklärt und ausgelegt
- auf unser Leben angewandt.

Viel mehr ist gar nicht zu tun, viel weniger aber beileibe auch nicht! Die Bibel will gelesen, verstanden und in Leben umgesetzt werden.
Ist nun der erste Satz der Bibel auch als erster aufgeschrieben worden, wenn er schon so ‚gewaltig' ist? Wohl nicht. Was zu allen Zeiten vor allem aufgeschrieben wurde, waren konkrete Fakten: Rechnungen (z.B. in Keilschrift auf Tontafeln aus Babylon, lange vor den Schriften

des AT), Gesetze (z.B. die des Hammurabi, ebenfalls aus Babylon), Genealogien (Geschlechterabfolgen, Listen mit Herrschern und Gottheiten wie etwa in Hieroglyphentexten des Alten Ägypten, auch diese noch vor den biblischen Texten). Natürlich wurden auch Mythen aufgeschrieben, eben auch Schöpfungsmythen wie der des „Enuma elisch" aus dem Alten Babylon, ca. 13. Jh. v. Chr. (Dieser beginnt mit den Worten: „Als droben der Himmel nocht nicht benannt war", was – nebenbei bemerkt – die Existenz des Himmels schon voraussetzte – anders als in der Bibel).

Etwas weiter im 7. Kapitel des ersten Buchs der Bibel finden wir die Sintflut-Erzählung (von „sintflutartigen Regenfällen" sprechen wir ja heute noch). Sie scheint geradezu ein „Abklatsch" des „Gilgamesch-Epos", einer ebenfalls altbabylonischen Fluterzählung, deren literarische Gestaltung bis ins 19. Jh. v. Chr. zurückreicht.

Also ist die Bibel gar nichts so außerordentlich Originales oder wenigstens Originelles?

Dieser Schluss wäre zu kurz. Dass sich mit benachbarten Kulturen Wechselwirkungen ergeben, ist selbstverständlich, und die Erfahrungen anderer verhelfen uns oft zu eigenen Schritten und Einsichten. Da geht es einem

Volk nicht anders als dem Einzelnen. Außerdem sind unter gleichen Umständen ganz unabhängig voneinander gleiche oder ähnliche Erfahrungen möglich (selbst wenn zwei Banknachbarn in der Schule fast das Gleiche geschrieben haben, müssen sie nicht unbedingt voneinander abgeschrieben haben).

Das Originale und Originelle der Bibel liegt in ihrer Botschaft, wir werden es an den Beispielen verdeutlichen.

Gott spricht nicht wie ein Überflieger – Gott spricht in menschlichen Worten

Im Anfang war das Wort und das Wort war bei Gott... Alles ist durch das Wort geworden.
Evangelist Johannes

„*Viele Male und auf vielerlei Weise hat Gott einst zu den Vätern gesprochen durch die Propheten; in dieser Endzeit aber hat er zu uns gesprochen durch den Sohn, den er zum Erben des Alls eingesetzt und durch den er auch die Welt erschaffen hat ...*" *(Hebr 1,1f).*
Dieses Schriftzitat stammt aus dem NT, aus einem Brief, dessen Verfasser wir nicht genau kennen. Hebr steht für Hebräer, die älteste Bezeichnung einer jüdischen Volksgruppe. Die hier angesprochenen Hebräer sind Judenchristen, also in der jüdischen Religion aufgewachsen und dann zum Christentum übergetreten. Diese neugetauften Christen kannten das AT gut: die Stammväter des Glaubens – Abraham, Isaak und Jakob; die Propheten – Jesaja, Jeremia, Amos, u.a.; den Sohn – das ist Jesus, der Christus

(griech. der Gesalbte, welcher im AT als der Messias – hebr. für Gesalbter – angekündigt wurde); die Erschaffung der Welt. Wichtig aber ist, dass hier behauptet wird, Gott hätte die Welt durch seinen Sohn geschaffen. Dazu war die Erkenntnis notwendig, die Johannes im Evangelium formulierte: „Im Anfang war das Wort" (Joh 1,1). Eine Parallele zum Schöpfungsbericht: „Im Anfang". Was Johannes Wort (griech. logos) nennt, taucht im Schöpfungsbericht auf als „Und Gott sprach" (= Wort, Logos), so z.B. Gen 1,3: „Gott sprach, es werde Licht und es wurde Licht". Mit anderen Worten: Da der Mensch nur Menschenwort versteht, bleibt selbst Gott „nichts anderes übrig", als menschlich mit den Menschen zu sprechen.

Also besteht die Bibel nur aus Menschenworten? Wenn man darunter versteht, dass vom Wortsinn her alles verständlich ist, dann ist das richtig. *Was* die Worte allerdings sagen, *wie* sie es sagen und *zu welchem Zweck*, das macht dann doch Menschenwort zu Gotteswort.

Nehmen wir den Satz Jesu: „Gott lässt seine Sonne aufgehen über Bösen und Guten und er lässt regnen über Gerechte und Ungerechte" (Mt 5,45). Vorausgesetzt, man erklärt sich Sonnenschein und Regen nicht nur physikalisch-materialistisch, dann sagt der Satz, dass Gott alle

Menschen gleich behandelt. Die Aussage ist also vom Wortsinn her verständlich. Doch dass dies Wort Gottes ist, wird spätestens dann deutlich, wenn man sich klar macht, dass wir als Menschen ganz und gar nicht so miteinander umgehen. Wir behandeln die anderen durchaus in böser Weise, wenn sie böse sind, wir drücken aber auch ein Auge zu und lassen die Sonne über manchem Lumpen scheinen, weil er Geld hat oder uns sonst irgend nützlich ist. Gott sagt also hier etwas Unerhörtes, etwas „Un"menschliches. Gottes Wort spricht in menschlicher Weise, aber es „transportiert" doch Seine Botschaft.

In einem etwas erweiterten Scrabble-Spiel könnte jemand die Buchstaben
EEGOORSTTW
vor sich auf dem Bänkchen haben, und es soll ihm erlaubt sein, daraus auch mehrere Worte zu bilden. So bieten sich folgende Lösungen an:
TESTE WO TROG ...
oder **TOTER WOGT ES** ...,
wobei das erste wie eine Anweisung zur Materialprüfung eines leckenden Trogs klingt, das zweite aber ein Gedichtanfang sein könnte.
Wer länger nachdenkt, wem ein Geistesblitz(!) kommt, findet die weitaus naheliegendere Lösung:

WORTE GOTTES oder GOTTESWORTE

Ich gebe zu, die Sache war gestellt, aber das wussten Sie ja schon! Das simple Beispiel soll ja auch nur zwei Dinge verdeutlichen: Das Ausgangsmaterial (menschliche Sprache hier in Form von Buchstaben) ist für verschiedene Ergebnisse gleich. Was von vielen oder auch nur von wenigen, aber Sachkundigen als die beste Lösung betrachtet wird, ist möglicherweise nur einer Idee, einer „Erleuchtung" zu verdanken. Auf die Heilige Schrift übertragen: Aus dem Ausgangsmaterial (menschliche Sprache, die von Lebensraum, Kultur, Geschichte und in ihr von Konflikten, Liebe und Hass, Glauben und Hoffen spricht) kann der Geist Gottes eine Botschaft machen, darin eine Botschaft transportieren, die dann aber auch noch recht verstanden werden muss.

Bibel mit Bodenkontakt – Die Entstehung

„Unter aller Kanone" ist etwas nicht, weil es unter einer Kanone läge, sondern weil es einem Kanon, einer vorgegebenen Richtschnur (so die Übersetzung aus dem Hebräischen bzw. Griechischen) nicht entspricht.

Nun sollten wir aber entgültig einsteigen! ... In den Flugsimulator! Nicht weil es hier nur um bloße Simulation ginge, aber es könnte ja sein, dass sich der eine oder die andere das Ganze erstmal aus der Bodenperspektive anschauen will, um sich sozusagen ein Hintertürchen „an der Bibel vorbei" offen zu lassen. Außerdem ist Flugsimulation für jeden zukünftigen Piloten Pflicht. Also, ich darf bitten!

Wir schauen uns die Instrumente an, werden entdecken, was sie können und was nicht. Lernen, sie abzulesen, ihre Ergebnisse zu deuten. In einzelnen Kapiteln werden wir verschiedene Strecken „abfliegen", auf Besonderheiten hinweisen, werden Gefährdungen erkennen und auch auf „Luftlöcher" stoßen, auf Gegenwind treffen und sollten am Ende nicht vergessen zu landen.

Ein Grundsatz beim Bibellesen ist, dass man eigentlich nicht wild durch sie hindurchfliegen, sie gar nur überfliegen kann. Es gibt Flugwege, die der eigenen Sicherheit dienen, aber auch den Eigenheiten und Erfordernissen des Gegenstandes entsprechen und sich daraus ableiten. Das Sprichwort sagt ja: „Wie man in den Wald hineinruft, so schallt es heraus." Das ist mit der Bibel ganz genauso.

Die Bibel ist in einer Volksgemeinschaft entstanden, ihre Teile wurden zuerst mündlich weitergegeben, dann ergänzt, verändert, schließlich schriftlich fixiert. Die Dinge, die dieser Gemeinschaft, dem Volk Israel, später der ersten Christengemeinschaft, der Kirche, wichtig waren, wurden festgehalten und fortgeschrieben bis zu dem Punkt, dass die Gemeinschaft einen festen Kanon als verbindlich aufstellt.

Ein dem Inhalt angemessenes Verstehen der Schrift setzt die Kenntnis, ja sogar das Eingebundensein in eine Glaubensgemeinschaft und ihre Tradition voraus: Ein Jude, der das NT nicht anerkennt, wird einen atl. Text anders deuten und für sich aktualisieren als ein Christ, der das AT in der Deutung und im Licht der Gestalt von Jesus Christus liest.

Aber schauen wir uns das doch mal am Beispiel an.

HÖHEPUNKTE DER BIBEL

Wir bauen einen Turm bis in den Himmel – Hintergründe einer Erzählung

Noch spukt der babylonische Turm,
Sie sind nicht zu vereinen!
Ein jeder Mann hat seinen Wurm,
Kopernikus den seinen.

J. W. von Goethe

Die folgende Geschichte dürfte vielleicht bekannt sein. Sie stammt ebenfalls noch aus der Genesis, dem ersten Buch der Bibel, das selbst zu den sogenannten fünf Büchern Mose gehört. Diese heißen, von den griechischen Worten für Fünf ‚pente' und Schriftrolle ‚teuchos' abgeleitet, auch: Pentateuch.

„Alle Menschen hatten die gleiche Sprache und gebrauchten die gleichen Worte. ²Als sie von Osten aufbrachen, fanden sie eine Ebene im Land Schinar und siedelten sich dort an. ³Sie sagten zueinander: ⁴Auf, bauen wir uns eine Stadt und einen Turm mit einer Spitze bis zum Himmel, und machen wir uns damit einen Namen, dann wer-

den wir uns nicht über die ganze Erde zerstreuen. ⁵Da stieg der Herr herab, um sich Stadt und Turm anzusehen, die die Menschenkinder bauten. ⁶Er sprach: Seht nur, ein Volk sind sie, und eine Sprache haben sie alle. Und das ist erst der Anfang ihres Tuns. Jetzt wird ihnen nichts mehr unerreichbar sein, was sie sich auch vornehmen. ⁷Auf, steigen wir hinab, und verwirren wir dort ihre Sprache, so dass keiner mehr die Sprache des anderen versteht. Der Herr zerstreute sie von dort aus über die ganze Erde, und sie hörten auf, an der Stadt zu bauen. ⁹Darum nannte man die Stadt Babel (Wirrsal), denn dort hat der Herr die Sprache aller Welt verwirrt, und von dort aus hat er die Menschen über die ganze Erde zerstreut" (Gen 11,1-9).

Was sagt diese Erzählung aus? Sie spricht von „allen Menschen mit gleicher Sprache" (V.1). Dies zeigt, dass sie es nur aus Sicht des Verfassers sind, denn genau im vorausgehenden Kapitel (Gen 10) werden verschiedene Völker aufgezählt, die natürlich verschiedene Sprachen gehabt haben. Es sind die „neuen Menschen", die Nachkommen Noachs, der in der Arche die Sintflut überlebte.

Die einheitliche Gruppe nun gelangt nach Shinar, ein anderes Wort für Babylon und das Zweistromland Mesopotamien. Sie machen sich dort sesshaft (Ende des Nomadendaseins). Der Turmbau, in Form der Zikkurat (Stufenpyramiden) bekannt, war Ausdruck religiöser Verehrung, die natürlich immer auch mit eigener Machtdemonstration einherging. Als Begründung wird angegeben, dass die Menschen sich „einen Namen machen" wollten, ein Denkmal, aber auch ein Zeichen der Identifikation setzen wollten, um sich nicht zu zerstreuen (V. 4). Das hebr. Wort ‚Schem' hat die Bedeutung Namen, geht aber zurück auf den Vorgang, einer Person oder einem Ding ‚ein Brandmal, ein Zeichen einzuprägen': Name = Zeichen = Deutung = Symbol – so empfand der Semit. Wir sagen heute noch „Nomen est Omen" – Namen, das ist Vorausbestimmung, Eigenart („wie einer heißt, so auch sein Geist"). Bekannt war, dass in Babylon nicht nur der Hauptgott Marduk, sondern viele Götter verehrt wurden, was dem israelitschen Ein-Gott-Glauben widersprach.

In fast ironischer Art wird deshalb beschrieben, wie der *eine* Gott sich herablässt, um die Zeichen der neuen Zivilisation zu betrachten (V. 5). Er deutet die vermeintliche Geschlossenheit in Sprache und Miteinander durchaus nicht positiv (V. 6). Die dem Menschen innewohnende Hybris (Anmaßung) wird vor weiteren Schritten nicht Halt machen. Wie Gott die

Menschen zerstreut, wird nicht gesagt. Äußere Zeichen dafür aber sind: die Sprachverwirrung, das Leben in verschiedenen Gegenden der Erde und der Name der zurückgelassenen Stadt Babel = Babylon – heute eine Ruinenstadt an einem alten Euphratlauf im Irak. Freigelegt wurden dort: das Ischtartor, heute in Berlin zu sehen, die Prozesssionsstraße und: der Tempelturm (Zikkurat) des Mardukheiligtums mit seinen gewaltigen Ausmaßen.
Warum wird eine solche Geschichte erzählt?
Das Pferd ist wohl von hinten aufzuzäumen: Da war die Stadt Babel, eine „heidnische" Stadt, in der fremde Götter verehrt wurden. Hier lebte ein Völkergemisch verschiedenster Sprachen, denn hier wurde Handel getrieben und hier gab es Bauten der Macht und der Gottheiten. Babylon war ein abschreckendes Beispiel für die Juden, ja, ist es noch für die junge Christengemeinde, wenn Johannes in seiner Offenbarung dem verhassten Rom den Namen „Hure Babylon" gibt (vgl. Offb 17,5; 18,10.21).
Soviel könnte, sollte man zu einer Bibelstelle sagen, doch hört gerade hier die Bibellese nicht auf. Denn eine Frage wird sozusagen in der Kopf- und Fußzeile jeder Bibelseite GROSS, **fett** und <u>unterstrichen</u> wiederholt:
WAS SAGT MIR / UNS DIESER TEXT HEUTE?

Mehr noch, was könnte er heute in uns und anderen bewirken?

Zunächst, dass Einheitlichkeit in Sprache und Lebensraum nur dann ein wirklicher Wert sind, wenn sie als Gut in den Dienst des einen Gottes gestellt werden, und nicht dazu benutzt werden, sich zu profilieren und von Gott als „Übermensch" loszusagen. Wir kennen die Türme und Bauten der Macht sehr genau: totalitäre Regime haben darin geradezu geschwelgt, und machttrunkene Staaten tun es heute noch. Aber ich finde sie auch in mir: vermessene Pläne, Projekte auf Kosten anderer und gottvergessene Lebensentwürfe. Die Folgen sind die gleichen wie eh und je: Neid, Zwist, Ehekrise im Kleinen, Völkermord, Wirtschaftskrieg im Großen.

Ein solcher Text ermuntert jedoch auch zur Gegenbewegung: die Einheit unter den Menschen, Völkern und Rassen neu und auf einer guten Grundlage wieder aufzubauen, geschehe dies nun durch politische Institutionen wie die UNO und das geeinte Europa oder durch religiöse Anstrengungen wie den Dialog unter den Religionen, die Ökumene und die Treue zum eigenen Bekenntnis.

Josef träumt, lebt in den Sternen – ein Typ in der Bibel

„Ich bin Josef, euer Bruder!" – Papst Johannes XXIII., mit bürgerlichem Namen Giuseppe (Josef) Roncalli, wollte mit diesem Zitat aus der Josefserzählung ausdrücken, dass er für die Menschen vor allem ein Bruder sein wollte, auch für die, die ihm vielleicht Unrecht getan haben.

„Als Josef siebzehn Jahre zählte, also noch jung war, weidete er mit seinen Brüdern, den Söhnen Bilhas und Silpas, der Frauen seines Vaters, die Schafe und Ziegen. Josef hinterbrachte ihrem Vater, was die Brüder Böses taten. ³Israel liebte Josef unter allen seinen Söhnen am meisten, weil er ihm noch in hohem Alter geboren worden war. Er ließ ihm einen Ärmelrock machen. ⁴Als seine Brüder sahen, dass ihr Vater ihn mehr liebte als alle seine Brüder, hassten sie ihn und konnten mit ihm kein gutes Wort mehr reden. ⁵Einst hatte Josef einen Traum. Als er ihn seinen Brüdern erzählte, hassten sie ihn noch mehr. ⁶Er sagte zu ihnen: Hört, was ich geträumt habe. ⁷Wir banden Garben

mitten auf dem Feld. Meine Garbe richtete sich auf und blieb auch stehen. Eure Garben umringten sie und neigten sich tief vor meiner Garbe. ⁸Da sagten seine Brüder zu ihm: Willst du etwa König über uns werden oder dich als Herr über uns aufspielen? Und sie hassten ihn noch mehr wegen seiner Träume und seiner Worte" (Gen 37,2-8).

Bevor Sie einmal nach Israel reisen, die wunderbare und faszinierende Landschaft, besonders auch die Wüstengebiete betrachten (Wüste ist hier vor allem Stein-, also Felswüste!), sollten Sie die ganze Josefsgeschichte, überhaupt die Vätererzählungen des Alten Testaments gelesen haben. Josef ist ein Typ! Nun, tatsächlich. Seinem Vater Jakob noch im hohen Alter geboren (sein Name bedeutet: „Gott möge hinzufügen" [noch andere Kinder], später wird noch Benjamin geboren), wird er etwas „verhätschelt", eben besonders geliebt.

Josef war ein Typ! Er war in einer Weise unbeschwert und arglos, die schon an Naivität grenzte, mindestens schildert ihn so der Schriftsteller des Buches Genesis. Sein Vater hatte ihm zudem noch einen schicken bunten Rock geschenkt, ein äußeres Zeichen der Würde, ja vielleicht – wenn auch unbewusst – des Höherstehens über seine Brüder.

Josef war siebzehn Jahre alt, und er erzählt ganz

unbedarft einen Traum, in dem er gut, die anderen aber ziemlich schlecht wegkommen. Das tut er nicht nur einmal, wie unser kurzer Textausschnitt zeigt, sondern in einer anderen Traumerzählung, die von Sternen, Mond und Sonne handelt, bezieht er auch noch seine eigenen Eltern mit ein, die sich ebenfalls vor ihm verneigen, was selbst den Vater leicht verstimmt.

Josef ist auch deshalb ein Typ, weil er einer Gestalt des Neuen Testaments zur **Typisierung** dient. Sein Leben und Leiden, seine Verschleppung nach Ägypten und seine Erniedrigung, sein Wieder-Auferstehen zu Ehren und Macht klingen in „neutestamentlichen Ohren" wie eine Vorwegnahme dessen, was mit Jesus von Nazaret geschieht. Wie Josef muss er nach Ägypten – ihn verfolgt König Herodes, jenen haben seine Brüder dorthin verkauft; wie Josef wird er verraten und verkauft – Judas liefert ihn für eine geringe Summe den Schergen zur Verurteilung aus, Josef wird als Sklave verschachert; wie Josef wird auch Jesus ins Gefängnis geworfen, ja es wird sogar sein Leben gefordert, doch es folgt die Auferstehung, ähnlich wie auch dem Josef ein Neubeginn und Anerkennung geschenkt werden.

Die gesamte Josefserzählung hat viele Bezüge zur Kultur Ägyptens, wo Josef bis zum Statt-

halter des Pharaos aufrückt, selbst eine außerbiblische Erzählung berichtet von ihm. Seine Gestalt lebt sowohl im Judentum als auch im Islam fort.
Gehen wir durch die Städte dieser Welt, dann begegnen uns Josefsdarstellungen auf Schritt und Tritt. Teile seiner Geschichte sind in den Bronzetüren Ghibertis zur Taufkapelle neben dem Dom in Florenz ebenso verewigt wie in der Mosaikdecke des Markusdoms in Venedig, in Monreale bei Palermo, sowie auf Hunderten von Bildern berühmter Künstler (von Raffael in den Loggien des Vatikans oder in einer Holzschnittfolge Hans Holbeins).
Bühnenstücke des Barock und moralisch-erzieherische Schriften des 19. Jahrhunderts sprechen von Josef und seinem Leben. Der Musicalautor Andrew Lloyd Webber erzählt die Geschichte von Josef und seinem bunten Rock, ja der große Thomas Mann schreibt ein beeindruckendes Werk nur über diese eine alttestamentliche Gestalt – eben weil sie ein Typ ist.
Ein typischer Mensch mit seinen Schwächen und Stärken tritt uns hier entgegen, ein Leben mit seinen Höhen und Tiefen wird in ergreifender Weise geschildert, selbst das Unwahrscheinlichste und Unglaublichste wird einsichtig, und es drängt den Leser der Josefsgeschichte, ih-

rem Happy End freudig zuzustimmen: Ja, so ist es richtig, so kann und soll ein Leben gehen; denn, dass Leben nicht nur unbeschwert Spazierengehen heißt, wird von jedem akzeptiert, dass es die Dramatik wie die Josefs annimmt, nicht unbedingt. Ein Element jedoch an der Gestalt Josefs ist besonders reizvoll: Josef träumt und weiß Träume zu deuten.

Der Traum scheint ja wie ein Eingangstor für die Stimme Gottes zu sein. Hier wird das Gotteswort im Menschenwort hörbar, anschaulich. Josef deutet den Traum des Pharao: Da sind sieben fette Kühe auf der Weide, die werden von sieben mageren Kühen gefressen, da wachsen sieben fette Ähren auf, die werden von sieben dürren Ähren verschlungen. Josef erklärt, vom Geist Gottes erleuchtet: das bedeute sieben Jahre gute Ernte und sieben Jahre Dürre, und da der Pharao es zweimal geträumt habe, je in anderer Gestalt, so sei es bei Gott fest beschlossen und werde eintreffen.

Auch die Zahl 7 ist hier ein Verweis auf die Sicherheit und die Radikalität, mit der etwas geschieht bzw. sich vollendet.

Nach dem Bau des Assuanstaudamms ist es einem heutigen Ägytenbesucher nur noch schwer klar zu machen, wie segens- und unheilbringend zugleich die Nilüberschwemmungen bzw.

deren Ausbleiben für das Land waren. Auch das Bild der Kühe und Ähren hat in Ägypten seinen „Sitz im Leben", waren doch der Apis-Stier und die kuhköpfige Isis, Mutter des Gottes Hapi=Apis, ägyptische Hauptgottheiten und die Getreideähren ein Hinweis auf die Hauptnahrung im Land.

Welche aktuellen Bezüge vermittelt dieser Teil der Heiligen Schrift, der Bibel des Alten Testamentes? Hinter der Lebensgeschichte jedes einzelnen Menschen, doch auch jeder Gemeinschaft, der Völker und Kulturen steht ein „Herr der Geschichte", der motiviert, der auf verschlungenen Pfaden zum Ziel kommt, der Ideen wie Träume „einträufelt", die Akteure an vorderster Front immer wieder staunen macht, wie das doch geht, was eigentlich nicht gehen dürfte, wie das doch zum Scheitern verurteilt ist, was eigentlich „doch so schön gewesen wäre".

„ICH BIN DA" –
OFFENBARUNG IM DORNBUSCH

Was bei uns der „kleine Fritz", das ist im jüdischen Humor das kleine „Moschele": Sein Vater verspricht ihm ein Silberstück, wenn er ihm eine Frage beantwortet: „Wieviele Haare hat ein Esel?" Moschele darauf wie aus der Pistole geschossen: „2897555!" „Nu, woher weißt Du das?" „Zuerst das Silberstück! Das ist schon die zweite Frage!"

Vorgänger also all dieser Moschele ist der große Mose, dessen Geschichte im Buch Exodus erzählt wird. Als kleines Kind wird Mose in einem ausgepechten Schilfkörbchen ausgesetzt, denn alle israelischen Knaben sollen auf Befehl des Pharao getötet werden. Die Lage der Israeliten hat sich inzwischen verschlechtert. Josef ist gestorben, der ihn hofierende Pharao auch und die Gunst der Nachfolger wurde der anwachsenden Zahl von Juden im Land entzogen. So schwimmt Mose also auf dem Nil und schreit. Gerade aber die Tochter des Pharao findet den Knaben im Schilf, als sie zum Baden in den Nil steigt. Sie hat Mitleid, lässt das Kind am

Hof erziehen und gibt ihm den Namen Moses, hebr. „der aus dem Wasser Gezogene". Gott aber findet Mittel und Wege, diesen wieder seinem Volk und seiner Bestimmung zuzuführen. Diesmal ist es kein Traum, sondern eine echte(!) Fatamorgana in der ägyptischen Wüste (Moses war hierher vor dem Pharao wegen einer Mordanklage geflohen).

„Mose weidete die Schafe und Ziegen seines Schwiegervaters Jitro, des Priesters von Midian. Eines Tages trieb er das Vieh über die Steppe hinaus und kam zum Gottesberg Horeb.² Dort erschien ihm der Engel des Herrn in einer Flamme, die aus einem Dornbusch emporschlug. Er schaute hin: Da brannte der Dornbusch und verbrannte doch nicht. ³Mose sagte: Ich will dorthin gehen und mir die außergewöhnliche Erscheinung ansehen. Warum verbrennt denn der Dornbusch nicht? ⁴Als der Herr sah, dass Mose näher kam, um sich das anzusehen, rief Gott ihm aus dem Dornbusch zu: Mose, Mose! Er antwortete: Hier bin ich. ⁵Der Herr sagte: Komm nicht näher heran! Leg deine Schuhe ab; denn der Ort, wo du stehst, ist heiliger Boden. ⁶Dann fuhr er fort: Ich bin der Gott deines Vaters, der Gott Abrahams, der Gott Isaaks und der Gott Jakobs. Da verhüllte Mose sein Gesicht; denn er fürchtete sich, Gott anzuschauen. ⁷Der Herr sprach: Ich habe das

Elend meines Volkes in Ägypten gesehen, und ihre laute Klage über ihre Antreiber habe ich gehört. Ich kenne ihr Leid. ⁸Ich bin herabgestiegen, um sie der Hand der Ägypter zu entreißen und aus jenem Land hinaufzuführen in ein schönes, weites Land, in ein Land, in dem Milch und Honig fließen ... ⁹Jetzt ist die laute Klage der Israeliten zu mir gedrungen, und ich habe auch gesehen, wie die Ägypter sie unterdrücken. ¹⁰Und jetzt geh! Ich sende dich zum Pharao. Führe mein Volk, die Israeliten, aus Ägypten heraus! ¹¹Mose antwortete Gott: Wer bin ich, dass ich zum Pharao gehen und die Israeliten aus Ägypten herausführen könnte? ¹²Gott aber sagte: Ich bin mit dir; ich habe dich gesandt, und als Zeichen dafür soll dir dienen: Wenn du das Volk aus Ägypten herausgeführt hast, werdet ihr Gott an diesem Berg verehren. ¹³Da sagte Mose zu Gott: Gut, ich werde also zu den Israeliten kommen und ihnen sagen: Der Gott eurer Väter hat mich zu euch gesandt. Da werden sie mich fragen: Wie heißt er? Was soll ich ihnen darauf sagen? ¹⁴Da antwortete Gott dem Mose: Ich bin der „Ich-bin-da". Und er fuhr fort: So sollst du zu den Israeliten sagen: Der „Ich-bin-da" hat mich zu euch gesandt. ¹⁵Weiter sprach Gott zu Mose: So sag zu den Israeliten: Jahwe, der Gott eurer Väter, der Gott Abrahams, der Gott Isaaks und der Gott

Jakobs, hat mich zu euch gesandt. Das ist mein Name für immer, und so wird man mich nennen in allen Generationen" (Ex 3,1-15).

Eine wahrhaft einprägsame Szenerie! Vor einigen Jahren stand ich selbst unter dem Dornstrauch, der am Katharinenkloster auf dem Sinai unterhalb des Mosesberges (Dschebel Musa) wächst. Er wächst nur da – Anpflanzungen an anderen Stellen der Halbinsel seien misslungen, hieß es! Und es sei noch derselbe Strauch! – Na, lassen wir das dahingestellt sein. Was jedoch dem Mose hier geschieht, ist exemplarisch für Begegnungen mit Gott, wie sie die Bibel schildert und wie sie bis heute Menschen im Umgang mit Gott geschehen!

Gott beruft Einzelne für den Dienst an allen. Wie schon in der Einleitung gesagt, ist die Bibel ein Ausdruck dessen, was eine Gruppe, ein Volk von Glaubenden mit ihrem Gott erlebt hat, worin sie sich selbst wiederfindet.

Künstler aller Zeiten hat das Dornbuschmotiv fasziniert. In den Farben Chagalls leuchtet es ebenso auf wie in der Musik Rossinis. Feuer ist das Zeichen der Anwesenheit Gottes, im Neuen Testament besonders für den Geist Gottes, der auf die Apostel am Pfingsttag in Form von Feuerzungen herabkommt; der Dornbusch wiederum Zeichen der Schöpfung, die von Gott „durchglüht", erhalten, aber nicht zerstört wird, der Engel des Herrn als Mittlergestalt Gottes, weil Gott selbst zu schauen dem Menschen nicht möglich ist.

Wie Mose die Stimme Gottes hört, ist hier nicht näher beschrieben, wichtig: Er hört Gott, Gott hört ihn, und es findet das statt, wozu die Lektüre der Bibel anleiten kann: das Gespräch zwischen Gott und Mensch.

Ein Freund sagte einmal zu mir: „In einer schweren persönlichen Not habe ich mich in eine Kirche gesetzt und mit Gott gesprochen, ich wusste zwar nicht, wie das geht, aber ..." Er hatte offensichtlich ebenfalls Antwort vernommen.

Mose will wohl anfangs kneifen, er fühlt sich nicht autorisiert und hat ein schlechtes Gewissen, da er ja als Privilegierter aufgewachsen ist und keinen volksnahen Führer abgibt.

Doch der wichtigste Punkt dieser Geschichte ist die Offenbarung des Namens Gottes. Jeder Name, so lehren große Philosophen und Theologen, trägt und transportiert tiefe, geschichts- und bedeutungsgeladene Kraft.

„Ich-bin-da" ist die ungefähre deutsche Übersetzung des hebräischen „Jahwe", der uns oft mehr durch eine Verstümmelung, nämlich „Jehowa" (und dessen Zeugen) bekannt ist.

Es war und ist eine Besonderheit jüdischer Gottesbeziehung, dass der Name Gottes aus Ehrfurcht vor ihm nicht ausgesprochen werde. Stattdessen wird überall da, wo in der Bibel „Jahwe" steht, das Ersatzwort „Adonaj" (hebr. = der Herr) gelesen. Damit sich der Vorleser nicht verliest, hat man die drei Vokale „a" (etwas ablautend in Richtung „e"), „o" und „a" von A̲donaj über die Konsonanten des Wortes J̲ahwe geschrieben: J^{a}H^{o}W^a. Hebräisch ist ja eine reine Konsonantenschrift, man muss sozusagen wissen, „ws zwschn d nzlnn Mtltn ngfgt wrdn mss = was zwischen die einzelnen Mitlaute eingefügt werden muss". Nun, spätere Zeiten verstanden diese Sache mit dem Darüberschreiben nicht mehr und so lasen einige: Jehowa.

In der Dornbusch-Begegnung leuchtet vor allem das auf, was mit dem Begriff Offenbarung verbunden wird.

In dem Märchen vom Rumpelstilzchen wusste vor dem „großen Lauschangriff" niemand, vor allem nicht die Königstochter, dass Rumpelstilzchen eben Rumpelstilzchen hieß und nicht nur allgemein so ein kleiner Kobold war. Während die Offenbarwerdung seines Namens den Zauberzwerg vor Wut zerreißt, ist Gott im Buch Exodus stolz und froh, seinem Volk endlich sei-

nen heiligen Namen offenbaren zu können.
Offenbarung ist, wenn Gott etwas über sich aussagt, worauf der Mensch beim besten Willen und trotz aller geistiger oder sonstiger Anstrengung nicht kommen kann, was ihm aber hilft, sein eigenes Leben und sein Leben in der Beziehung zu Gott und den Mitmenschen besser, klarer und sinn-voller zu gestalten.
„Ich bin da" heißt vor allem – und das zeigt der Kontext dieser Stelle ganz deutlich – „Ich bin für euch, mein Volk da". Ich bin kein Philosophengott nach dem Motto: Es ist sinnvoll, ein höheres Wesen anzuerkennen, das eben über den Himmeln „west", sondern ich bin ein leidenschaftlicher Gott, der um sein Volk ringt, mit ihm leidet, seinen Weg begleitet. So hat es auch der große Mathematiker und Philosoph Pascal erfahren, der beim Besuch eines Gottesdienstes in der Kathedrale von Notre Dame in Paris eine Dornbuscherfahrung macht: „Feuer, Feuer – nicht der Gott der Philosophen, sondern der Gott Abrahams, Isaaks und Jakobs!"

Die Bundeslade flugs erbeutet - die Zehn Gebote

> *Das vierte Gebot lautet: „Du sollst Vater und Mutter ehren, auf dass es dir wohl ergehe und du lange lebest auf Erden." Wie die Jungen die Alten behandeln, entscheidet über die Humanität, die Kultur einer Gesellschaft. Der „Generationenvertrag" konstituiert Solidarität auf der Zeitschiene. In der biblischen Botschaft findet jedenfalls die Gewohnheit der Barbaren, die Alten auf dem Rastplatz liegen zu lassen, damit die Jungen unbelastet weiterziehen können, keine Rechtfertigung.*
> Norbert Blüm

Zu Land, zu Wasser und auch in der Luft bewegt sich Harrison Ford in den Filmen mit Indiana Jones bei seinen Aktionen, die fast immer mit Altertümern zu tun haben, wie etwa auch mit der Bundeslade, einem „Holzkasten" – denn mehr war es nicht –, worin nach der Überlieferung die Steintafeln aufbewahrt wurden, die Mose vom Berg Sinai herabgebracht hatte. Diese waren übrigens schon Kopien, denn das erste Paar Tafeln hatte Mose vor Zorn zerschmettert, als er sah, wie das Volk Israel statt den lebendigen Gott, den man nicht sieht, ein goldenes Kalb anbetete (Ex 32-34). Trotz aller Strafe und Aufklärung von Seiten Gottes und seiner Diener: magische Vorstellungen sind etwas, was so gut wie unausrottbar in der menschlichen Natur wurzelt. Ist es nicht das Goldene Kalb, so sind es die Steintafeln selbst, die ja immerhin von Gottes eigener Hand beschriftet wurden und die wie ein Glücksamulett Hilfe bringen sollen:

„Das Wort Samuels erging an ganz Israel. Israel zog gegen die Philister in den Krieg. Israel wurde von den Philistern besiegt, die von Israels Heer auf dem Feld etwa viertausend Mann erschlugen. ³Als das Volk ins Lager zurückkam, sagten die Ältesten Israels: Warum hat der Herr heute die Philister über uns siegen lassen? Wir wollen die Bundeslade des Herrn aus Schilo zu uns holen; er soll in unsere Mitte kommen und uns aus der Gewalt unserer Feinde retten. ⁵Als nun die Bundeslade des Herrn ins Lager kam, erhob ganz Israel ein lautes Freudengeschrei, so dass die Erde dröhnte. ¹⁰Da traten die Philister zum Kampf an, und Israel wurde besiegt, so dass alle zu ihren Zelten flohen. Es war eine sehr schwere Niederlage. Von Israel fielen dreißigtausend Mann Fußvolk. ¹¹Die Lade Gottes wurde erbeutet, und

die beiden Söhne Elis, Hofni und Pinhas, fanden den Tod" (1 Sam 4,1ff).

Dieser Abschnitt ist eines der zahlreichen Beispiele, in denen Kriegshandlungen und z. T. grausame Kämpfe und Vergeltungsmaßnahmen im Alten Testament geschildert werden. Diese und andere noch viel drastischere Schlachten- und Gewaltschilderungen machen die Lektüre des AT an vielen Stellen recht „unerquicklich", und das Wort vom „lieben Gott" kommt einem nur noch schwer über die Lippen.

Ein Blick ins tägliche Fernseh- und Nachrichtenprogramm jedoch zeigt uns: Das ist der traurige, blutige Alltag dieser Welt bis heute. Sie ist – nach Aussage der Bibel – zwar von Gott geschaffen, ja gut erschaffen und dem Menschen anvertraut. Dieser aber missbraucht beständig seine Freiheit, was soweit geht, selbst Gott Gedanken der Rache und des Vernichtungswillens in den Mund zu legen.

An dieser Stelle wäre auch etwas zu den Philistern zu sagen, die vielleicht aus der biblischen Geschichte vom Kampf Davids mit Goliat (1 Sam 17) bekannt sind, der den Riesen mit einer Steinschleuder besiegt. Die Philister waren das Volk, das Palästina den Namen gab. Im Südwesten lebend, eben dort, wo auch heute noch starke Konfliktherde bestehen (etwa um die Stadt

Gaza und den Gazastreifen), waren sie eine Zeitlang mit Ägypten verbündet und immer bemüht, diese geographische „Schleuse", die Palästina zwischen Afrika und Kleinasien bildet, in ihre Macht zu bekommen.

Und diese Geschichte geht bis heute weiter. Es gibt in der Geschichte keine „Überflieger" (wir befinden uns ja immer noch im Flugunterricht und sollten uns also mit vorschnellen Urteilen zurückhalten!). Es gibt vielmehr wissenschaftliche Arbeiten von Soziologen und Psychologen, die meinen, nachweisen zu können, dass der Mensch in seiner Geschichte eigentlich nichts dazugelernt hat. Nun, das mag keine sehr zuversichtlich stimmende Prognose sein, aber es „erdet" ein wenig verstiegene Hoffnungen oder gar unrealistische Erwartungen an den jeweils anderen. Denn es ist ja immer der andere, der an sich zu arbeiten hat. Die Formen von Gewalt haben sich geändert, neue Formen sind hinzugekommen. Die Formen der Magie und des Aberglaubens haben sich „weiter"entwickelt. Nicht mehr Bundesladen und einfache Glücksbringer erheischen das Vertrauen, sondern eine Flut von astrologischen Voraussagen in Form von Horoskopen und eine Legion von Idolen, denen es nachzulaufen gilt, bestimmen unseren Alltag, machen, dass wir uns „down" oder „up" fühlen. Es gilt die Bundeslade zu öffnen, ihr die beidseitig beschriebenen Tafeln zu entnehmen und zu lesen:

Du sollst neben mir keine anderen Götter haben.

Du sollst den Namen Gottes nicht missbrauchen.

Gedenke des Sabbats: Der siebte Tag ist ein Ruhetag.

Ehre deinen Vater und deine Mutter.

Du sollst nicht morden.

Du sollst nicht die Ehe brechen.

Du sollst nicht stehlen.

Du sollst nicht falsch gegen deinen Nächsten aussagen.

Du sollst nicht nach der Frau deines Nächsten verlangen.

Du sollst nicht nach irgend etwas verlangen, das deinem Nächsten gehört.

Die Zehn Gebote nach Ex 20, 1-17.

Hiobs- oder Heilsbotschaft – worauf fliegen wir zu?

Aus einem deutschen Konzentrationslager wird folgende Episode berichtet: In geheimer Versammlung treffen sich Vertreter der dort eingepferchten Juden. Sie halten Gericht, Gericht über Gott. Wer ist schuld an diesem Holocaust, an all dem Leid, das sie erfahren? Nach langer Beratung steht der Schuldige fest: Gott ist schuldig! Sie erheben sich und rufen: „Der Name des Herrn sei gepriesen!"

Eine Hiobsbotschaft! Immer noch klingt in diesem Wort das nach, was sich vor vielen Tausend Jahren ereignet hat, was sich immer wieder ereignet und wohl wieder und wieder ereignen wird. Die biblische Gestalt des leidenden Hiob ist weniger als historische Persönlichkeit festzumachen, denn ein Land Uz, in dem er gelebt haben soll, lässt sich weder geschichtlich noch geografisch ausmachen. Hiob ist eine Gestalt der weisheitlichen Lehrerzählung. Er stellt den leidenden Gerechten dar, der mit Gott rechtet, denn er weiß, dass das ihm zugefügte Leid in keinem Verhältnis steht zu den Zulassungen an Schmerz und Unheil, die letztlich von Gott zugelassen werden.

„Warum ließest du mich aus dem Mutterschoß kommen, warum verschied ich nicht, ehe mich ein Auge sah? ¹⁹Wie nie gewesen wäre ich dann, vom Mutterleib zum Grab getragen. ²⁰Sind wenig nicht die Tage meines Lebens? Lass ab von mir, damit ich ein wenig heiter blicken kann, ²¹bevor ich fortgehe ohne Wiederkehr ins Land des Dunkels und des Todesschattens, ²²ins Land, so finster wie die Nacht, wo Todesschatten herrscht und keine Ordnung, und wenn es leuchtet, ist es wie tiefe Nacht" (Hiob 10,18-22).

In der Zeit der Babylonischen Gefangenschaft verfasst, spiegelt das Buch Ijob (nach der Lutherübersetzung: Hiob) die Stimmung derjenigen Israeliten wider, die unschuldig ins Exil geraten sind, die sich nichts vorzuwerfen hatten, wofür sie eine solche Strafe hätten erdulden müssen. Diese Situation unschuldigen Leidens ist kaum so aktuell wie heute, wenn immer wieder grausame Terroraktionen Kinder, Greise, Frauen und allgemein unbeteiligte Zivilpersonen wahllos ergreifen und als lebendige Schutzschilde missbrauchen. Mancher Mutter entringt sich da der gleiche Ruf im Angesicht ihres hingemordeten Kindes: „Warum verschied ich nicht, ehe mich ein Auge sah?"

Die Frage nach Schuld und Strafe ist so alt wie die Menschheit selbst. Der Spruch „Kleine Sünden bestraft der liebe Gott sofort" weist darauf hin, wie bis heute ein ursächlicher und direkter Zusammenhang zwischen Schuld und der ihr auf dem Fuß folgenden Ahndung gesehen und behauptet wird, ob nun mit einem Augenzwinkern oder mit bitterer Ironie.

Anders sieht es schon bei solchen Problemen wie Erbsünde und eben unschuldigen Mit-Leidens aus, wo sich heutige Generationen fragen, was sie eigentlich noch mit dem Zweiten Weltkrieg zu schaffen haben, der Judenverfolgung, dem fehlenden Bewusstsein, ein Deutscher zu sein. Gibt es so etwas wie Kollektivschuld, weil so viele weggeschaut oder tatsächlich nichts mitgekriegt haben?

Das Buch Ijob liest sich wie ein Krimi, wie ein Thriller der Seelenkämpfe. Es gehört zur Pflichtlektüre jedes Bibel-Piloten, denn es beschreibt den Ernstfall. Auch Naturkatastrophen stellen uns ja vor die Frage: Wer ist daran schuld? Wie kann Gott so etwas zulassen, dass ein Erdbeben, ein Tornado einfach Tausende von Menschen wegrafft?

Das Buch Ijob ist ein Buch *mit* ohne Antwort,

nein, besser: die Antwort lautet: Sprich mit Gott!

Hiob verliert alles. Er war ein reicher Mann, mit Kindern gesegnet, hatte Vieh und Land in Fülle. Eins nach dem andern wird ihm genommen: Einfall feindlicher Mächte, Raub seiner Knechte und des Viehs, Tod aller seiner Kinder unter einem einstürzenden Dach während einer Hochzeit und schließlich Aussatz am eigenen Leib: Hiob sitzt in einem Haufen Asche, und die eigene Frau verflucht ihn ob seines starrsinnigen Weiter-Glaubens an die Güte und Allmacht Gottes. Von seinen Freunden bedrängt, sich gefälligst an die Sünden zu erinnern, die er doch begangen haben muss, schreit und ruft er zu Gott.

Im Neuen Testament lebt die Figur des Hiob in Jesus Christus selbst wieder auf. Er verliert in seinem Sterben am Kreuz ebenfalls alles, ja sogar sein Leben. Sein letzter Schrei klingt wie aus dem Munde Hiobs: „Gott, mein Gott, warum hast du mich verlassen?" (Mt 27,46). In einem letzten und großen Glaubensakt schenkt er auch dieses Leiden Gott. Und wie Hiob wendet Gott sein Geschick in der Auferstehung am Ostermorgen.

Fliegen und Psalmodieren! – Das Buch der Psalmen

Das kleine, in blaues Leinen gebundene Exemplar des Neuen Testaments und der Psalmen hat mich viele Jahre begleitet: in den Reichsarbeitsdienst 1944; auf drei Fluchten habe ich es durch alle Schrecken gerettet ... Es finden sich in ihm schüchtern hervorhebende Bleistiftstriche, zum Beispiel am 100. Psalm. Der hatte es mir in allem Elend offenbar schon damals angetan.

Hanna-Renate Laurien

Man könnte das Buch der Psalmen eine Kurzfassung der Bibel innerhalb der Bibel nennen (so auch Martin Luther, der die Psalmen als „kleine biblia" bezeichnete). In poetischer Form, in Liedern, Hymnen und Litaneien, in Jubel- und Klagegesängen wird das ganze Leben, wird Geschichte und Gegenwart, werden Vergangenheit und Zukunft „ins Gebet genommen". Noch heute beten alle Kleriker (Priester und Mönche) der katholischen Kirche täglich und auf der ganzen Welt die Psalmen im Rahmen des

sogenannten Brevier-Gebetes. Hiermit wird ein Bogen geschlagen, der die ganze Bibel umfasst, eben auch das Alte Testament, und das Bewusstsein bleibt lebendig, dass da „nichts Neues unter der Sonne" ist (vgl. Koh 1,9).
Vielleicht machen wir ja den ersten Testflug bei schönstem Wetter. Die Erde mit all ihren Schönheiten breitet sich vor und unter uns aus, die Gedanken schauen dankbar auf das Leben zurück, und auch wir beten mit dem Psalmisten:

1 *Jauchzt vor dem Herrn, alle Länder der Erde!*
2 *Dient dem Herrn mit Freude! Kommt vor sein Antlitz mit Jubel!*
3 *Erkennt: Der Herr allein ist Gott. / Er hat uns geschaffen, wir sind sein Eigentum, sein Volk und die Herde seiner Weide.*
4 *Tretet mit Dank durch seine Tore ein! / Kommt mit Lobgesang in die Vorhöfe seines Tempels! Dankt ihm, preist seinen Namen!*
5 *Denn der Herr ist gütig, / ewig währt seine Huld, von Geschlecht zu Geschlecht seine Treue.*

Ps 100

Die Anordnung und Verbindung der Psalmen untereinander folgt verschiedenen kompositorischen Absichten, etwa vergleichbar der Herausgabe einer Anthologie deutscher Volkslieder oder Volksdichtung, denn um solche handelt es sich bei den Psalmen in erster Linie. Man wird diese Stücke entweder zeitlich ordnen oder – und das ist viel häufiger – nach jahreszeitlichen Themen und anderen inhaltlichen Kriterien (Kanon, Trinklied, Liebesgedicht).

Im liturgischen Gebrauch spielen die Psalmen auch als „Klammer" eine bedeutende Rolle. Im Gottesdienst werden im sogenannten Wortgottesdienst, dem ersten Teil der Eucharistie- bzw. Messfeier, zuerst eine alttestamentliche bzw. neutestamentliche Lesung vorgetragen, auf diese (am Sonntag: zwischen diesen) folgen einige Psalmverse, die in einem inhaltlichen Bezug zur Lesung stehen und gleichzeitig auf das Evangelium hinweisen, welches danach verlesen wird.

Immer wieder wurden die Psalmen übersetzt, immer neu hatten Menschen das Bedürfnis, das, was immer gültige, existenzielle Erfahrung ist, auch in ihrer Sprache zu sagen. Das hat Martin Luther zu seiner heute noch lesenswerten Psalmenübersetzung gedrängt, hat Johann Gottfried Herder zu einer mehr lyrischen Übertragung bewogen, bis hin zu Arnold Stadler, der für eine ausschnittsweise Psalmenübertragung sogar den Georg-Büchner-Preis 2004 erhielt. Martin Walser sagt, Stadler hätte diese Verse aus Menschenliebe geschrieben,

„um der Verzweiflung die Schau zu stehlen".
Heißt es im Ps 90 bei Luther: „Unser Leben währet siebzig Jahre, und wenn's hoch kommt, so sind's achtzig Jahre, und wenn's köstlich gewesen ist, so ist es Mühe und Arbeit gewesen; denn es fährt schnell dahin, als flögen wir davon", so bei Stadler: „Unser Leben dauert vielleicht siebzig Jahre, wenn es hoch kommt, sind es achtzig. Noch das Schönste daran ist nichts als Schmerz. Das Leben ist kurz und schmerzlich. Einmal das Dorf hinauf und hinunter: So sind wir unterwegs."
Betet der Psalmist im 77. Psalm: „Denke ich an Gott, muss ich seufzen, sinne ich nach, dann will mein Geist verzagen", so holt Stadler diese Worte in unseren kulturellen Lebensraum: „Denk ich an Gott bei Nacht, dann bin ich um den Schlaf gebracht! Meine Seele ist verzweifelt" und erinnert so an Heine und seine Liebe zu Deutschland.
Und ganz nahe an Sprache und Empfinden rücken die folgenden Zeilen, die im Psalm lauten: „Aus der Tiefe rufe ich, Herr, zu dir, erhöre, Herr, mein Flehen!" (Ps 130), bei Stadler aber: „Ich saß im Dreck. Da schrie ich zu Gott. ‚Rette mich!', schrie ich."
Die Psalmen könnten eine Einladung sein, das Leben zu „singen", zu fliegen und zu singen.

Ein Mensch, der singt, betet nicht nur doppelt, wie ein alter Spruch sagt, er befreit sich auch vom Daseinsdruck, vom Erdhaft-„Klebrigen", Alltagsstaub, er folgt gleichsam seiner eigenen Stimme ins All, fliegt mit den Tönen in die Höhen, aus denen sich alles sehr viel unbedeutender, weniger belastend und damit erträglich erweist. „Auf des Gesangesflügeln", ein „Lied auf seinen Lippen", könnte wohl jeder von uns seinen Alltag leichter meistern und im besten Sinne des Wortes „die Spatzen pfeifen lassen".

Ein Hoheslied auf die Liebe – Die Bibel als Erfahrungsbuch für alle

> *Die Bibel ist das erste große Kompendium, in dem alle Erfahrungen, die wir Menschen miteinander, untereinander und mit der Welt haben können, dargestellt sind, auch ohne den lieben Gott. Deswegen gehört mir die Bibel genauso wie Ihnen.*
>
> Wolf Biermann

Der folgende Text wird den Flugschüler verwundern, aber auch erfreuen. Wundern wird er sich, weil das hier Beschriebene irgendwie nicht in die Bibel zu gehören scheint, freuen wird er sich, dass auch dieser Aspekt menschlichen und – ich setze gleich hinzu – göttlichen Handelns nicht fehlt. Religion, Glaube, Kirchlichkeit sind keine prüden, entleibten, nur im Geistigen verbleibende und wahrnehmbare Wirklichkeiten. Es ist der ganze Mensch, der glaubt, so wie es der ganze Mensch ist mit Seele und Leib, der liebt. Hören wir einfach einmal hinein in das Hohelied der Liebe, das Canticum Canticorum, das Lied der Lieder:

„Schön bist du, meine Freundin, ja, du bist schön. Hinter dem Schleier deine Augen wie Tauben. Dein Haar gleicht einer Herde von Ziegen, die herabzieht von Gileads Bergen. ²Deine Zähne sind wie eine Herde frisch geschorener Schafe, die aus der Schwemme steigen. ³Rote Bänder sind deine Lippen; lieblich ist dein Mund. Dem Riss eines Granatapfels gleicht deine Schläfe hinter dem Schleier. ⁴Wie der Turm Davids ist dein Hals, in Schichten von Steinen erbaut; tausend Schilde hängen daran, lauter Waffen von Helden. ⁵Deine Brüste sind wie zwei Kitzlein, wie die Zwillinge einer Gazelle, die in den Lilien weiden. ⁷Alles an dir ist schön, meine Freundin; kein Makel haftet dir an. ⁸Komm doch mit mir, meine Braut, vom Libanon, weg vom Libanon komm du mit mir! ⁹Verzaubert hast du mich, meine Schwester Braut; ja verzaubert mit einem (Blick) deiner Augen, mit einer Perle deiner Halskette. ¹⁰Wie schön ist deine Liebe, meine Schwester Braut; wieviel süßer ist deine Liebe als Wein, der Duft deiner Salben köstlicher als alle Balsamdüfte. ¹¹Von deinen Lippen, Braut, tropft Honig; Milch und Honig ist unter deiner Zunge. Der Duft deiner Kleider ist wie des Libanon Duft. ¹²Ein verschlossener Garten ist meine Schwester Braut, ein verschlossener Garten, ein versiegelter Quell. ¹³Ein Lustgarten sprosst aus dir, Granatbäume

mit köstlichen Früchten. ¹⁵Die Quelle des Gartens bist du, ein Brunnen lebendigen Wassers, Wasser vom Libanon. ¹⁶Nordwind, erwache! Südwind, herbei! Durchweht meinen Garten, lasst strömen die Balsamdüfte! Mein Geliebter komme in seinen Garten und esse von den köstlichen Früchten" (Hld 4,1-16).

Das ist doch wunderschön, oder?

Das Hohelied (so die Lutherübersetzung) ist schon von den Juden im Alten Bund vor allem als Allegorese betrachtet worden. Die lyrischen Bilder von der Liebe zwischen Mann und Frau waren und sind für den gläubigen Juden das schönste Bild, der schönste Vergleich (Allegorie), um aussagen zu können, wie sehr Gott sein Volk liebt, wie sehr sein Volk Israel Ihn, seinen Gott, liebt bzw. lieben soll.

Das Christentum hat diese allegorische Deutung übernommen und – wie es jede Allegorie erlaubt – ihre Bilder auch angewandt auf die Liebe zwischen Christus und seiner Kirche, aber auch zwischen der Seele des Einzelnen zu seinem Erlöser, seinem Gott und Heiland.

Erst die Aufklärung brachte dann die Frage stärker ins Spiel, ob man den Text nicht vordergründig als Liebeslyrik betrachten, also ganz „profan" auffassen müsse. Diese neue Sicht fand viele Verfechter, wird aber letztlich dem gesamten Text nicht gerecht. Zu ideal, fast möchte ich sagen zu schön wird hier bräutliche Liebe geschildert, als dass sie „nur" Eros beschreiben will.

Nein, es ist wie mit allem, was Wirklichkeit ausmacht: Sie ist auf Gott hin transparent. Je mehr sie von Gott erfüllt ist, desto mehr spiegelt sie ihn wieder. Was meine ich damit? Nun, wie schon das Buch Genesis gelehrt hat, ist die Welt eine Schöpfung Gottes und damit bleibendes Zeugnis seiner Anwesenheit in ihr bis hin zum Menschen, dem „Bild und Gleichnis" Gottes selbst, und zwar gerade als „Mann *und* Frau" (vgl. Gen 1,27). Schon die Natur spiegelt ein Erfülltsein von Gott wider, umso mehr tut es der Mensch, besonders der Mensch in der Gemeinschaft mit anderen Menschen, wenn er das Verhältnis untereinander so gestaltet, dass es dem Willen Gottes entspricht. Dieses Verhältnis aber ist eben die Liebe, eine gegenseitige, bräutliche Liebe, wie sie in der Partnerschaft zwischen Mann und Frau in Fülle aufleuchtet.

Doch das Hohelied sollten Sie unbedingt in Ihrer Bibel-Flug-Lektüre berücksichtigen. Es ist etwas für einen erholsamen Gleitflug!

Das Markus-Evangelium –
Jesus ist Mensch und Gott zugleich

Wenn alle Evangelien dieser Welt an einem Tag verbrannt würden, so müsste sich die Heilige Schrift an Hand des Lebens von uns Christen neu schreiben lassen.

Chiara Lubich

Wenn Sie den zweiten Teil der Bibel aufschlagen (ja, wir sind schon eine weite Strecke „gedüst"!), das Neue Testament, dann treffen Sie zunächst auf das Matthäus-Evangelium. Würden Sie dieses in Gänze lesen und anschließend das darauffolgende Markus-Evangelium, so käme es zu einem Aha-Effekt: Das habe ich doch gerade schon gelesen, ein bisschen anders vielleicht, hier – bei Markus – steht es knapper ausgedrückt, überhaupt fehlt einiges von dem, was Matthäus schreibt … Würden Sie nun auch noch Lukas hinzunehmen, das dritte Evangelium, dann wäre Ihnen klar: Da haben drei über das gleiche Thema in Variationen geschrieben (Johannes, den vierten Evangelisten lassen wir noch ein wenig warten).

Der Zusammenhang ist folgender: Wegen ihrer Ähnlichkeit bezeichnen wir die ersten drei Evangelien als synoptische Evangelien, ihre Verfasser als die Synoptiker (von gr. syn – mit, zusammen und optein – schauen, also: Synopse – die Zusammenschau). Nach vergleichenden Forschungen hat sich als gesichert herausgestellt, dass das kürzeste, das Markus-Evangelium, das ursprüngliche ist, dasjenige, von dem die anderen sozusagen abgeschrieben haben, das sie ergänzt bzw. verändert haben.

Die Evangelien sind, das fällt bei genauerem Lesen auf, nicht als einfache Biografien des Lebens Jesu abgefasst. Im Mittelpunkt steht eine Botschaft, die an bestimmte Ereignisse im Leben des Gottessohnes (so nennt ihn Markus oft) geknüpft sind. Die Evangelien sprechen von der Berufung der Jünger und der zwölf Apostel (in Analogie zu den zwölf Stammvätern des Volkes Israel). Nur Matthäus und Johannes sind der Tradition nach unter die Apostel zu rechnen, Lukas und Markus kommen später aus den ersten Apostelschülern hinzu. Markus wird verschiedene Male auch in den anderen neutestamentlichen Schriften erwähnt. Er begleitete den Apostel Paulus, wird später in Rom als Dolmetscher des Petrus erwähnt, der als einfacher Fischer vom See Gennesaret kaum des Lateinischen mächtig war.

Alexandrien in Ägypten wird dem reifen Markus zur Bestimmung. Hier in Nordafrika, in der von Alexander dem Großen gegründeten Stadt, wird er der erste Bischof und stirbt den Märtyrertod.

Markus scheint ein Mann des Wesentlichen gewesen zu sein. Sein Stil ist knapp und klar, er schreibt kein großartiges Griechisch (vielleicht lugt ja die Fischersprache des Petrus hervor?!), aber er kommt gleich zur Sache oder besser zur Person:

„Anfang des Evangeliums von Jesus Christus, dem Sohn Gottes: ²Es begann, wie es bei dem Propheten Jesaja steht: Ich sende meinen Boten vor dir her; er soll den Weg für dich bahnen. ³Eine Stimme ruft in der Wüste: Bereitet dem Herrn den Weg! Ebnet ihm die Straßen! ⁴So trat Johannes der Täufer in der Wüste auf und verkündigte Umkehr und Taufe zur Vergebung der Sünden. ⁵Ganz Judäa und alle Einwohner Jerusalems zogen zu ihm hinaus; sie bekannten ihre Sünden und ließen sich im Jordan von ihm taufen. ⁷Er verkündete: Nach mir kommt einer, der ist stärker als ich; ich bin es nicht wert, mich zu bücken, um ihm die Schuhe aufzuschnüren. ⁸Ich habe euch nur mit Wasser getauft, er aber wird euch mit dem Heiligen Geist taufen. ⁹In jenen Tagen kam Jesus aus Nazaret in Galiläa und ließ sich

von Johannes im Jordan taufen. ¹⁰Und als er aus dem Wasser stieg, sah er, dass der Himmel sich öffnete und der Geist wie eine Taube auf ihn herabkam. ¹¹Und eine Stimme aus dem Himmel sprach: Du bist mein geliebter Sohn, an dir habe ich Gefallen gefunden. ¹²Danach trieb der Geist Jesus in die Wüste. ¹³Dort blieb Jesus vierzig Tage lang und wurde vom Satan in Versuchung geführt. Er lebte bei den wilden Tieren, und die Engel dienten ihm. ¹⁴Nachdem man Johannes ins Gefängnis geworfen hatte, ging Jesus wieder nach Galiläa; er verkündete das Evangelium Gottes ¹⁵und sprach: Die Zeit ist erfüllt, das Reich Gottes ist nahe. Kehrt um, und glaubt an das Evangelium!" (Mk 1,1-15).

Da fehlt doch ...! Nein, Markus beginnt nicht mit der Kindheit in Betlehem, das tun Matthäus und Lukas. Ihm ist wichtig, dass klar herauskommt, warum Jesus geboren wurde, was seine Bestimmung ist: Er ist gekommen, die „Königsherrschaft Gottes" (so die wörtliche Übersetzung statt „Reich Gottes") anzukündigen.

Lief im Altertum einer wichtigen Person ein Herold voraus, kündigen bis heute Vorredner den Hauptredner an, so hat auch Jesus einen Vorläufer, Johannes mit dem Beinamen „der Täufer". Salopp formuliert: Johannes verkündet, dass jetzt etwas Wichtiges kommt, dass der kommt,

um den sich alles dreht, so sehr dreht, dass es
– hoffentlich – zu einer echten Kehrtwende im
Leben eines jeden kommt. Dieser Jesus, als Galiläer in Betlehem geboren, ist der erwartete
Messias, der Gesalbte Gottes, eben Jesus Christus, Mensch wie wir und doch von Gott, ja Gott
gleich.

Er wählt für sein Leben die Erniedrigung, geht
in die Wüste, wählt die Situation, in der sich die
Ärmsten der Armen aller Zeiten bis heute
befinden. Wie diese, vielleicht wie wir selbst,
wird er versucht. Ihm wird vom „Herrn dieser
Welt", den die Bibel Teufel (gr. Diabolos – Zerstreuer) nennt, der Vorwurf gemacht, dass es
ihm doch anstünde, wie ein Königssohn zu
herrschen, nicht aber sich wie die Masse, die
Plebs, zu erniedrigen (ausführlicher bei Matthäus im 4. Kapitel).

Jesus setzt das Jahr Null in Kraft, mit ihm ist die
Zeit erfüllt, er ist sozusagen der Fixpunkt für
jede Navigation, nur von ihm her lassen sich die
Flüge aller Länder und aller Zeiten koordinieren (wagen wir es einmal, unseren Flugvergleich in solche Höhen fortzu„spinnen"!).

Wer's eilig hat mit dem Fliegen, sollte also die
Kurzreferenz des Markus als erstes überfliegen, aber gründlich!

Johannes, der Adler – Nähe zu Christus und seinem Wort

Wer die Heilige Schrift erforscht, wird zunächst einmal von ihr selbst erforscht.

Papst Paul VI.

Das vierte Evangelium gehört nicht zu den synoptischen, es fällt in Aufbau und Form einfach aus dem Rahmen. Wer an Kirchen schon Evangelistengestalten mit ihren beigefügten Attributen entdeckt hat, als da sind: Mensch, Ochs, Löwe und Adler, der wird sich gefragt haben, warum man gerade diese Symbole gewählt hat. Die menschliche Gestalt, auch als Engel gedeutet, steht bei Matthäus und weist darauf hin, dass dieser vor allem die Menschwerdung Jesu in seinem Evangelium betont, den Immanuel, den Gott mit uns, der in unsere Mitte hineingeboren wurde und inmitten der Menschen wohnen will. Der Ochs gehört zu Lukas, denn der schreibt die Weihnachtsgeschichte, wo ja ein Ochs und ein Esel an der Krippe stehen (was allerdings nur im Alten Testament vermerkt ist und von dorther in die Vorstellung zum Neuen Testament hineingetragen wurde, vgl. Jes 1,3). Der Löwe gehört zu Markus, Symbol dafür, dass Christus nach drei Tagen auferstand (eine mittelalterliche Schrift behauptet, der Löwe erweckt durch sein Gebrüll am dritten Tag seine totgeborenen Jungen). Der Adler also bleibt für Johannes, er ist wie dieser ein „Überflieger", hoch über seinen Mitevangelisten schwebend, gehen seine Gedanken in eine meditative und betrachtende Tiefe. Er ist zwar in all den konkreten Angaben zu Orten und Zeiten im Leben Jesu sehr genau, wählt aber stark aus, und den größten Teil in seinem langen Evangelium nehmen die Tage der Gerichtsverhandlung, der Verurteilung, des Todes und der Auferstehung Jesu ein. Er allein überliefert viele Gespräche und intime Gebetsworte Jesu. So erwähnt nur er das Testament, das Jesus seinen Jüngern, letztlich seiner Kirche übergibt: Er ist auf die Welt gekommen, dass alle Menschen in geschwisterlicher Einheit leben und verbunden sind, so wie er es mit seinem himmlischen Vater allezeit war und ist. Nach ihm hat das Neue Testament vor allem seinen Namen, weil hier ein neuer Bund (lat. testamentum) geschlossen wird, der auf einem neuen Gebot gründet: „Liebt einander so, wie ich euch geliebt habe" (vgl. Joh 13,34f.). Johannes ist der

Lieblingsjünger Jesu, auf Gemälden wird er oft an der Brust des Herrn ruhend dargestellt.

"Als Jesus von dem Essig genommen hatte, sprach er: Es ist vollbracht! Und er neigte das Haupt und gab seinen Geist auf. [31]Weil Rüsttag war und die Körper während des Sabbats nicht am Kreuz bleiben sollten, baten die Juden Pilatus, man möge den Gekreuzigten die Beine zerschlagen und ihre Leichen dann abnehmen; denn dieser Sabbat war ein großer Feiertag. [32]Also kamen die Soldaten und zerschlugen dem ersten die Beine, dann dem andern, der mit ihm gekreuzigt worden war. [33]Als sie aber zu Jesus kamen und sahen, dass er schon tot war, zerschlugen sie ihm die Beine nicht, [34]sondern einer der Soldaten stieß mit der Lanze in seine Seite, und sogleich floss Blut und Wasser heraus. [35]Und der, der es gesehen hat, hat es bezeugt, und sein Zeugnis ist wahr. Und er weiß, dass er Wahres berichtet, damit auch ihr glaubt. [36]Denn das ist geschehen, damit sich das Schriftwort erfüllte: Man soll an ihm kein Gebein zerbrechen. [37]Und ein anderes Schriftwort sagt: Sie werden auf den blicken, den sie durchbohrt haben" (Joh 19,30-37).

Wie auch die anderen Evangelisten ist Johannes bemüht, Vorhersagen im Alten Testament zu suchen, die bestätigen, was mit Jesus aktuell geschieht. Der heilige Augustinus, ein Kirchenvater und Bischof des 4. Jh., erklärt dazu, dass das Neue Testament „verborgen" im Alten gewissermaßen schlummerte und das Alte Testament im Neuen „entborgen" würde, also seine letzte Deutung und Erfüllung erführe.

Blut und Wasser stehen auf der einen Seite für die physiologische Tatsache, dass der Tod tatsächlich eingetreten ist, auf der anderen Seite sind sie eine Allegorie für die Gnaden, später die Sakramente der Kirche – auf vielen Kreuzigungsdarstellungen sehen wir eine Person, die mit einem Gefäß, meist einem Kelch, die kostbare Flüssigkeit aus der Wunde Jesu auffängt.

In dem Satz „und er gab seinen Geist auf" haben die Theologen einen Hinweis auf die Sendung des Heiligen Geistes gesehen, der – wie vor allem Johannes berichtet – nach Jesus kommen soll, um in den Herzen und in der Gemeinschaft der Gläubigen seine Mission, sein Werk fortzusetzen (vgl. Joh 14,26).

Synopse – Zusammenschau aus der Höhe: Die vier Evangelien

In der Tiefe der Not, wenn jemanden kein Gruß, keine Geste, kein Wort des Freundes erreicht, wird ein biblisches Wort Halt und Anker. Der Friedensgruß „Fürchtet euch nicht" soll 365-mal in der Bibel vorkommen, einmal für jeden Tag.

Johannes Rau

Die folgende Übersicht macht deutlich, wie sehr Matthäus, Markus und Lukas den Namen Synoptiker verdienen, wie aber auch Johannes Wichtiges genau berichtet. Geschildert wird die Entdeckung des leeren Grabes nach der Auferstehung Christi.
Bei Matthäus, Markus und Lukas sind es die Frauen, die zum Grab eilen, sie wollen die Salbung des Leichnams nachholen, wie es Sitte ist. Matthäus nennt diesen Grund nicht, Markus und Lukas aber erklären die Umstände genau. Jüdische Felsgräber wurden mit einem schweren runden Stein verschlossen. Während Matthäus nun die Szene so schildert, als hätten die

Frauen den Vorgang miterlebt, ist bei Lukas und Markus bereits alles vorbei und das leere Grab zugänglich. Davon geht auch Johannes aus, der den Stein gar nicht erwähnt.

Was der Engel, ein junger Mann bzw. die zwei Männer sagen, weicht ebenfalls voneinander ab. Bei Johannes spricht gar kein Bote. Erst Maria Magdalena, die nochmals ins Grab hineingeht, erst sie trifft Boten, die Auskunft erteilen, und sie trifft schließlich sogar den auferstandenen Herrn selbst, den sie anfänglich für den Friedhofsgärtner hält (vgl. Joh 20,11-18).

Mt 28, 1-8

Nach dem Sabbat kamen in der Morgendämmerung des ersten Tages der Woche Maria aus Magdala und die andere Maria, um nach dem Grab zu sehen. ²Plötzlich entstand ein gewaltiges Erdbeben; denn ein Engel des Herrn kam vom Himmel herab, trat an das Grab, wälzte den Stein weg und setzte sich darauf. ³Seine Gestalt leuchtete wie ein Blitz, und sein Gewand war weiß wie Schnee. ⁴Die Wächter begannen vor Angst zu zittern und fielen wie tot zu Boden. ⁵**Der Engel** aber sagte zu den Frauen: Fürchtet euch nicht! Ich weiß, ihr sucht Jesus, den Gekreuzigten. ⁶Er ist nicht hier; denn er ist auferstanden, wie er gesagt hat. ⁸Sogleich verließen sie das Grab und eilten **voll Furcht und großer Freude** zu seinen Jüngern, um ihnen die Botschaft zu verkünden.

Mk 16, 1-8

Als der Sabbat vorüber war, kauften Maria aus Magdala, Maria, die Mutter des Jakobus, und Salome wohlriechende Öle, um damit zum Grab zu gehen und Jesus zu salben. ²**Am ersten Tag der Woche** kamen sie in aller Frühe zum Grab, als eben die Sonne aufging. ³Sie sagten zueinander: Wer könnte uns den Stein vom Eingang des Grabes wegwälzen? ⁴Doch als sie hinblickten, sahen sie, dass der Stein schon weggewälzt war; er war sehr groß. ⁵Sie gingen in das Grab hinein und sahen auf der rechten Seite **einen jungen Mann** sitzen, der mit einem weißen Gewand bekleidet war; da erschraken sie sehr. ⁶Er aber sagte zu ihnen: Erschreckt nicht! Ihr sucht Jesus von Nazaret, den Gekreuzigten. Er ist auferstanden; er ist nicht hier. ⁸Da verließen sie das Grab und flohen; **denn Schrecken und Entsetzen hatte sie gepackt**. Und sie sagten niemand etwas davon; denn sie fürchteten sich.

Lk 24, 1-12	Joh 20, 1-10
Am ersten Tag der Woche <u>gingen die Frauen</u> mit den wohlriechenden Salben, die sie zubereitet hatten, <u>in aller Frühe zum Grab.</u> ²Da sahen sie, dass der Stein vom Grab weggewälzt war; ³sie gingen hinein, aber den Leichnam Jesu, des Herrn, fanden sie nicht. ⁴Während sie ratlos dastanden, traten **zwei Männer** in leuchtenden Gewändern zu ihnen. ⁵Die Frauen erschraken und blickten zu Boden. Die Männer aber sagten zu ihnen: <u>Was sucht ihr den Lebenden bei den Toten?</u> ⁶<u>Er ist nicht hier, sondern er ist auferstanden. Erinnert euch an das, was er euch gesagt hat, als er noch in Galiläa war:</u> ⁷<u>Der Menschensohn muss den Sündern ausgeliefert und gekreuzigt werden und am dritten Tag auferstehen.</u> ⁸Da erinnerten sie sich an seine Worte. ⁹Und sie kehrten vom Grab in die Stadt zurück und berichteten alles den Elf und den anderen Jüngern.	**Am ersten Tag der Woche** kam <u>Maria von Magdala</u> frühmorgens, als es noch dunkel war, <u>zum Grab</u> und sah, dass der Stein vom Grab weggenommen war. ²Da lief sie schnell zu Simon Petrus und dem Jünger, den Jesus liebte, und sagte zu ihnen: Man hat den Herrn aus dem Grab weggenommen, und wir wissen nicht, wohin man ihn gelegt hat. ³Da gingen Petrus und der andere Jünger hinaus und kamen zum Grab;... ⁸Da ging auch der andere Jünger, der zuerst an das Grab gekommen war, hinein; er sah und glaubte. ⁹<u>Denn sie wussten noch nicht aus der Schrift, dass er von den Toten auferstehen mußte.</u> ¹⁰Dann kehrten die Jünger wieder nach Hause zurück.

Wie sind diese Unterschiede zu erklären?
Bei genauem Hinschauen ergänzt sich vieles, und jeder Bericht ist offensichtlich aus einer Erfahrung heraus geschrieben. Die ersten drei werden von dem her, was die Frauen erlebten, verständlich – abgesehen davon, dass zwei bzw. drei Frauen bei ein und demselben Ereignis durchaus verschiedene Versionen erzählen könnten – Männer natürlich auch! –, haben die Synoptiker voneinander abgeschrieben, d.h. eben höchstwahrscheinlich Matthäus und Lukas bei Markus, wobei auch Auslassungen möglich sind. Johannes betont die besondere Rolle der Maria Magdalena, die auf dem Hintergrund ihres Bekehrungserlebnisses sicher eine besondere Nähe zu Jesus hatte. Johannes bringt auch sich selbst ins Spiel und unterstreicht damit nochmals das, was er schon als Zeuge des Todes Jesu betont hat.

Die vier Evangelien sind wie vier Aufsätze zum gleichen Thema. Das Thema ist ohnehin zu umfangreich, um es in einem Buch zu fassen (vgl. Joh 21,25: „Es gibt aber noch vieles andere, was Jesus getan hat. Wenn man alles aufschreiben wollte, so könnte, wie ich glaube, die ganze Welt die Bücher nicht fassen, die man schreiben müsste."), und die Evangelien sind für einen konkreten Leserkreis verfasst, für den be-

Schreiben Sie uns und gewinnen Sie!

Unter allen Einsendern werden 4 mal im Jahr 20 Bücher-Gutscheine im Wert von € 50,- verlost!

service@st-benno.de · **www.st-benno.de**

Liebe Leserin, lieber Leser,

gern informieren wir Sie regelmäßig über das aktuelle Angebot des St. Benno-Verlages. Schicken Sie uns einfach die ausgefüllte Karte zurück oder senden Sie diese per Fax. Wenn Sie die umstehenden Fragen beantworten, können Sie uns helfen, die Wünsche und Anregungen unserer Kunden noch besser zu berücksichtigen. Ich stehe Ihnen gern für Fragen telefonisch unter 0180/546 7778* zur Verfügung.

Es grüßt Sie aus dem St. Benno-Verlag

Ihre

Ingrid Dlugos

Ingrid Dlugos, Verlagsleiterin

* EUR 0,14/Min (ggf. abweichend aus Mobilfunknetzen)

Bitte per Post senden oder per Fax: 0341/46 777-65

ANTWORT

ST. BENNO-VERLAG
– Frau Dlugos –
Stammerstraße 11
04159 Leipzig

Porto zahlt Empfänger

Ich habe diese Karte gefunden in dem Buch

Haben Sie dieses Buch
☐ gekauft ☐ geschenkt bekommen?

Sind Sie auf das Buch aufmerksam geworden durch
☐ einen Prospekt
☐ eine Anzeige in _____
☐ eine Buchbesprechung in _____
☐ eine Empfehlung
☐ Ihren Buchhändler?

Wie hat Ihnen das Buch gefallen?
☐ sehr gut ☐ mittelmäßig ☐ gar nicht

☐ Bitte informieren Sie mich regelmäßig über aktuelle Bücher des St. Benno-Verlages.

Folgende Themen interessieren mich besonders:
☐ Geschenkbücher
☐ Kalender
☐ Spiritualität / Gebetbücher
☐ Glaube & Leben
☐ Edition Radio Vatikan
☐ Kinder- und Jugendbücher

Name _____ Vorname _____

Straße, Hausnummer _____ PLZ, Ort _____

Telefon mit Vorwahl _____ e-mail _____

stimmte Aspekte der Botschaft und des Lebens Jesu wichtig waren. In der Vierergestalt wird so das Bild Jesu bunter und konturenreicher als in einer einzigen Darstellung wiedergegeben.

Musiker wie der berühmte Johann Sebastian Bach haben das verstanden. Sie haben keine „Mischpassion" geschrieben, sondern eine Matthäus- und dazu eine Johannespassion, um das Zeugnis des einen nicht gegen den anderen auszuspielen.

Wer ist ein Mensch in unserer Umgebung? Ist es der, wie ich ihn kenne, der, wie ihn seine nächsten Verwandten erleben, der, wie ihn sein Chef sieht oder ihn seine Untergebenen sehen? Wir stellen fest, dass wir schon hier scheitern, ein ganzes Bild von einem Menschen unserer Zeit zu entwerfen. Wieviel schwieriger ist das Bild zu erfassen, das vor 2000 Jahren aus verschiedenen Perspektiven von Jesus „gemalt" wurde.

Die Kirche liest deshalb im Verlauf von drei Jahren jeden Evangelisten einmal in den Gottesdiensten und Johannes wegen seiner theologischen Fülle und Tiefe im Kirchenjahr zu festen Anlässen (z.B. eben in der Fasten- und Osterzeit, die von Tod und Auferstehung her bestimmt sind).

Pfingsten – der Geist landet

Christian Führer, Pfarrer in der Nikolai-Kirche in Leipzig zur Zeit der Wende, antwortet auf die Frage einiger, die sich keiner Kirche zugehörig fühlen „Dürfen auch wir zum Friedensgebet kommen?" mit einem Psalmvers: „Gott, du machst fröhlich, was da lebet im Osten wie im Westen" (nach Ps 65,6-9).

„Pfingsten, das liebliche Fest, war gekommen", so beginnt Goethes „Reineke Fuchs". Vielmehr wissen wir heute oft nicht von diesem „lieblichen" Fest. Pentekosté (hemera) – gr. „am fünfzigsten (Tag)" nach dem Passah-Fest, christlich: nach Ostern schloss das Pfingstfest die große Festzeit ab. Im Neuen Testament nun erhält dieser Tag eine neue Bedeutung, die von Jesus schon prophezeit worden war: der Heilige Geist wird auf seine Jünger herabkommen und sie alles lehren, was noch „offen" geblieben ist, denn das Leben Jesu, die Zeit seines irdischen Wirkens war sehr begrenzt (man geht von knapp drei Jahren aus).

„Als der Pfingsttag gekommen war, befanden sich

alle am gleichen Ort. ²Da kam plötzlich vom Himmel her ein Brausen, wie wenn ein heftiger Sturm daherfährt, und erfüllte das ganze Haus, in dem sie waren. ³Und es erschienen ihnen Zungen wie von Feuer, die sich verteilten; auf jeden von ihnen ließ sich eine nieder. ⁴Alle wurden mit dem Heiligen Geist erfüllt und begannen, in fremden Sprachen zu reden, wie es der Geist ihnen eingab. ⁵In Jerusalem aber wohnten Juden, fromme Männer aus allen Völkern unter dem Himmel. ⁶Als sich das Getöse erhob, strömte die Menge zusammen und war ganz bestürzt; denn jeder hörte sie in seiner Sprache reden. ⁷Sie gerieten außer sich vor Staunen und sagten: Sind das nicht alles Galiläer, die hier reden? ⁸Wieso kann sie jeder von uns in seiner Muttersprache hören: ⁹ ... ¹⁴Da trat Petrus auf, zusammen mit den Elf; er erhob seine Stimme und begann zu reden: Ihr Juden und alle Bewohner von Jerusalem! Dies sollt ihr wissen, achtet auf meine Worte! ¹⁵Diese Männer sind nicht betrunken, wie ihr meint; es ist ja erst die dritte Stunde am Morgen; ¹⁶sondern jetzt geschieht, was durch den Propheten Joël gesagt worden ist: ¹⁷In den letzten Tagen wird es geschehen, so spricht Gott: Ich werde von meinem Geist ausgießen über alles Fleisch. Eure Söhne und eure Töchter werden Propheten sein, eure jungen Männer werden Visionen haben, und eure Alten werden Träume haben... ²²Israeliten, hört diese Worte: Jesus, den Nazoräer, den Gott vor euch beglaubigt hat durch machtvolle Taten, Wunder und Zeichen, die er durch ihn in eurer Mitte getan hat, wie ihr selbst wißt – ²³ihn, der nach Gottes beschlossenem Willen und Vorauswissen hingegeben wurde, habt ihr durch die Hand von Gesetzlosen ans Kreuz geschlagen und umgebracht. ²⁴Gott aber hat ihn von den Wehen des Todes befreit und auferweckt; denn es war unmöglich, dass er vom Tod festgehalten wurde. ... ²⁹Brüder, ich darf freimütig zu euch über den Patriarchen David reden ... ³⁰Da er ein Prophet ... ³¹sagte er vorausschauend über die Auferstehung des Christus: Er gibt ihn nicht der Unterwelt preis, und sein Leib schaut die Verwesung nicht. ³²Diesen Jesus hat Gott auferweckt, dafür sind wir alle Zeugen. ³³Nachdem er durch die rechte Hand Gottes erhöht worden war und vom Vater den verheißenen Heiligen Geist empfangen hatte, hat er ihn ausgegossen, wie ihr seht und hört ... ³⁷Als sie das hörten, traf es sie mitten ins Herz, und sie sagten zu Petrus und den übrigen Aposteln: Was sollen wir tun, Brüder? ³⁸Petrus antwortete ihnen: Kehrt um, und jeder von euch lasse sich auf den Namen Jesu Christi taufen zur Vergebung seiner Sünden; dann werdet ihr die Gabe des Heiligen Geistes empfangen ... ⁴⁴Und alle, die gläubig geworden waren, bildeten eine

Gemeinschaft und hatten alles gemeinsam. ⁴⁵Sie verkauften Hab und Gut und gaben davon allen, jedem so viel, wie er nötig hatte. ⁴⁶Tag für Tag verharrten sie einmütig im Tempel, brachen in ihren Häusern das Brot und hielten miteinander Mahl in Freude und Einfalt des Herzens. ⁴⁷Sie lobten Gott und waren beim ganzen Volk beliebt. Und der Herr fügte täglich ihrer Gemeinschaft die hinzu, die gerettet werden sollten" (Apg 2,1ff.).

Irgendwie erinnert uns der Text an die Sache mit dem Turmbau im Alten Testament. Dort wurden die Sprachen zerstreut, um den Dünkel der Menschen zu besiegen, hier werden sie neu zusammengeführt, um die Menschen in Christus zusammenzuführen. Die kleine, nur in Auszügen wiedergegebene Predigt des Petrus zeigt, wie sehr schon die ersten Christen ganz aus der Tradition der ganzen Bibel lebten und wie das Christentum, die Botschaft des Neuen Testaments, ohne das Alte gar nicht zu verstehen ist. Da tritt David auf, der Prophet Joel, da wird die Erfüllung ihrer Prophezeiungen gepriesen und zur Bekräftigung des Geschehenen und des Sich-Ereignenden herangezogen. Die Apostelgeschichte berichtet von den ersten Schritten der jungen Christengemeinde, von ihren ersten „Flugversuchen", die nicht selten auch als „Schiffbruch" endeten (Paulus war hierin Spezialist).

Das Hohelied der Liebe setzt seinen Flug fort – Gemeindeprobleme gestern und heute

Ihr Christen habt in eurer Obhut ein Dokument mit genug Dynamit in sich, dieser kriegszerrissenen Welt Frieden zu bringen. Aber ihr geht damit so um, als ob es bloß ein Stück guter Literatur ist, sonst nichts.

Mahatma Gandhi

Wenn Sie zu einer Hochzeit eingeladen sind, es muss nicht unbedingt eine ausgesprochen christliche sein, dann kann es Ihnen passieren, dass der folgende Text ganz oder doch in Auszügen gelesen wird:

„*Wenn ich in den Sprachen der Menschen und Engel redete, hätte aber die Liebe nicht, wäre ich dröhnendes Erz oder eine lärmende Pauke. ²Und wenn ich prophetisch reden könnte und alle Geheimnisse wüsste und alle Erkenntnis hätte; wenn ich alle Glaubenskraft besäße und Berge damit versetzen könnte, hätte aber die Liebe nicht, wäre ich nichts. ³Und wenn ich meine ganze Habe verschenkte, und wenn ich meinen*

Leib dem Feuer übergäbe, hätte aber die Liebe nicht, nützte es mir nichts. ⁴Die Liebe ist langmütig, die Liebe ist gütig. Sie eifert sich nicht, sie prahlt nicht, sie bläht sich nicht auf. ⁵Sie handelt nicht ungehörig, sucht nicht ihren Vorteil, lässt sich nicht zum Zorn reizen, trägt das Böse nicht nach. ⁶Sie freut sich nicht über das Unrecht, sondern freut sich an der Wahrheit. ⁷Sie erträgt alles, glaubt alles, hofft alles, hält allem stand. ⁸Die Liebe hört niemals auf. Prophetisches Reden hat ein Ende, Zungenrede verstummt, Erkenntnis vergeht. ⁹Denn Stückwerk ist unser Erkennen, Stückwerk unser prophetisches Reden; ¹⁰wenn aber das Vollendete kommt, vergeht alles Stückwerk. ¹¹Als ich ein Kind war, redete ich wie ein Kind, dachte wie ein Kind und urteilte wie ein Kind. Als ich ein Mann wurde, legte ich ab, was Kind an mir war. ¹²Jetzt schauen wir in einen Spiegel und sehen nur rätselhafte Umrisse, dann aber schauen wir von Angesicht zu Angesicht. Jetzt erkenne ich unvollkommen, dann aber werde ich durch und durch erkennen, so wie ich auch durch und durch erkannt worden bin. ¹³Für jetzt bleiben Glaube, Hoffnung, Liebe, diese drei; doch am größten unter ihnen ist die Liebe" (1 Kor 13).

Die Gemeinde von Korinth in Griechenland wurde vom Apostel Paulus (einem Juden, der zuerst die Christen verfolgte und zu der Zeit noch Saulus hieß) in der Zeit von 49-51 n. Chr. gegründet. Eine Gemeinde dieser Zeit hatte zwischen 50 und 200 Mitglieder und auch schon alle Probleme, mit denen alle Gemeinschaften bis heute zu kämpfen haben.

Paulus empfiehlt in seinen Briefen viele Dinge. Er geht auch auf Sachen ein, die wir heute kaum noch nachvollziehen können: Götzenopferfleisch (Wenn es außer Gott keine anderen Götter gibt, gibt es logischerweise auch kein schädliches, ihnen geweihtes Fleisch. Man kann es also essen), das Problem von Reichen und Armen in der Gemeinde ... ach, nein, dieses Problem gibt es wohl auch heute noch.

Die Gemeinde von Korinth war hauptsächlich eine heidenchristliche Gemeinde, was bedeutet, dass ihre Mitglieder vor der Taufe nicht Juden, sondern eben Heiden, d.h. Göttergläubige waren (Sollten wir heute sagen: Abergläubige, Horoskopgläubige, Fortschrittsgläubige, Nur-an-sich-selbst-Gläubige?).

In einem seiner Briefe gibt der Evangelist Johannes eine Definition Gottes. Sie lautet knapp und doch eindringlich: „Gott ist (die) Liebe" (1 Joh 4,8.16). Freilich ist der Begriff Liebe schon damals ein sehr schillernder Begriff. Was versteht man nicht alles unter Liebe: von der käuf-

lichen bis zum „Ich liebe euch doch alle" eines Geheimdienstgenerals. Und doch gibt es kein Ersatzwort, weil es mit allem, was im Leben Wert hat, so ist: Das meist geschmähte, befleckte, verunstaltete ist auch das kostbarste, schützenswerteste Wesen – der Mensch selbst!
Um also zu verstehen, welche Art Liebe Paulus meint, gibt er einen Katalog vor, wie sich diese Liebe im Alltag, im Miteinander der Menschen definiert.

Leicht entflammbar – Martin Luther oder wie man das Wort Gottes am besten verdaut

Wenn Du am Abend schlafen gehst, so nimm noch etwas aus der Heiligen Schrift mit Dir zu Bett, um es im Herzen zu erwägen und es – gleich wie ein Tier – wiederzukäuen und damit sanft einzuschlafen. Es soll aber nicht viel sein, eher ganz wenig, aber gut durchdacht und verstanden. Und wenn Du am Morgen aufstehst, sollst Du es als den Ertrag des gestrigen Tages vorfinden.

Martin Luther

Martin Luther lebte in einer Zeit, wo die sogenannte Werkgerechtigkeit ein Übergewicht im kirchlichen Leben hatte: Ablässe wurden verkauft, gegen Geld und gute Taten wurde gewissermaßen schon im Voraus von Sünden freigesprochen, der Peterspfennig als Abgabe zum Bau des Petersdoms in Rom war dabei noch das geringste Übel. Luther wollte seine Beziehung zu Gott von diesem Ballast befreien. Die folgenden Worte aus dem Jakobusbrief gefielen ihm deshalb nicht sonderlich, und so lehnte er für seine Bibelübersetzung diesen Brief als nicht kanonisch ab.

„Meine Brüder, was nützt es, wenn einer sagt, er habe Glauben, aber es fehlen die Werke? Kann etwa der Glaube ihn retten? [15]Wenn ein Bruder oder eine Schwester ohne Kleidung ist und ohne das tägliche Brot [16]und einer von euch zu ihnen sagt: Geht in Frieden, wärmt und sättigt euch!, ihr gebt ihnen aber nicht, was sie zum Leben brauchen – was nützt das? [17]So ist auch der Glaube für sich allein tot, wenn er nicht Werke vorzuweisen hat. ... [21]Wurde unser Vater Abraham nicht aufgrund seiner Werke als gerecht anerkannt? Denn er hat seinen Sohn Isaak als Opfer auf den Altar gelegt. ... [24]Ihr seht, dass der Mensch aufgrund seiner Werke gerecht wird, nicht durch den Glauben allein" (Jak 2,14-24).

Wenn wir ehrlich mit uns selbst sind, dann haben wir oft viel guten Glauben, Vertrauen, gute Absichten, doch was davon in Leben umgesetzt wird, ist oft lächerlich wenig. Wir spüren, dass wir eigentlich so und so handeln wollten, allein es wurde nichts. Selbst der große Paulus sagt in einem seiner Briefe: „Das Gute, das ich tun will, tue ich nicht, das Böse dagegen, das ich eigentlich nicht tun will, das tue ich!" (vgl. Röm 7,19). Es ist wie ein Aufschrei. Luthers Aufschrei dagegen hieß: „Wie bekomme ich einen gerechten Gott?" – Gott muss doch sehen, dass ich ihn eigentlich liebe, aber ich kann es ihm irgendwie nur durch meinen tiefen Glauben zeigen, all meine Werke sind nur armseliges Stückwerk. Mein Herz aber, meinen Willen, meine ganze Seele will ich ihm schenken. So oder ähnlich mag Luther, mögen viele Christen bis heute empfunden haben.

Aber es ist – sozusagen – wie im richtigen Leben. Jakobus bringt es in dem Satz zum Ausdruck: „dass der Glaube und die Werke zusammenwirken". Viele Jahre wurde zwischen der lutherischen und der katholischen Kirche um ein gemeinsames Verständnis in diesem Punkt gerungen. In einer gemeinsamen Erklärung wurde klargestellt, dass der Glaube an erster Stelle steht. Kein Mensch kann etwas Gutes tun, wenn Gott nicht seine Gnade schenkt, wenn Gott nicht den Glauben ins Herz des Menschen senkt. Doch ebenso bedarf es der Antwort des Menschen in der konkreten Tat. Und wieviele Menschen gibt es auf der Welt, die zuerst handeln, Gutes tun – Gott sei Dank – und vielleicht später zum Glauben an den kommen, der sie, all ihre Kraft und Liebesfähigkeit ins Dasein gerufen und erhalten hat.

Apokalyptische Reiter jagen durch die Luft heran – Am Ende steht der Anfang

Die meisten Menschen haben Mühe mit den Bibelstellen, die sie nicht verstehen. Ich für meinen Teil muss zugeben, dass mich gerade diejenigen Bibelstellen beunruhigen, die ich verstehe.

Mark Twain

Dürers „Apokalyptische Reiter" sind den meisten bekannt. Das Wort Apokalypse hat durch solche Darstellungen und den umgangssprachlichen Gebrauch einen bedrohlichen und negativen Inhalt angenommen. Eigentlich haftet ein solcher dem Wort nicht an: Apokalypse heißt „Enthüllung, Aufdeckung" oder eben auch Offenbarung. Die auch Apokalypse genannte Offenbarung des Johannes ist ein Brief, der von dem schreiben will, „was geschehen muss" (vgl. Offb 1,1). Dabei geht es nicht nur um die Zukunft, vielmehr will eine apokalyptische Schrift tiefer in die Geheimnisse einführen, die schon zum Leben des Menschen und zum Leben der Kirche gehören.

Maria, die Mutter Jesu, gehörte zum Leben der jungen Kirche, vieles aus ihrem Leben und dem Miteinander mit ihrem Sohn war bekannt, Maria gehörte zum Kreis der Apostel, sie ist beim Pfingstfest dabei, sie wird nach dem Zeugnis der Tradition „in den Himmel aufgenommen" oder wie die orthodoxe Kirche sagt: „Maria entschläft". Der Abschnitt in der Johannesapokalypse weist damit auf Maria hin, weist aber eben in diesem kosmischen Bild auch über Maria hinaus auf die Kirche, die Braut Christi, die immer neu ihren Kindern das Leben schenkt.

„Dann erschien ein großes Zeichen am Himmel: eine Frau, mit der Sonne bekleidet; der Mond war unter ihren Füßen und ein Kranz von zwölf Sternen auf ihrem Haupt. ²Sie war schwanger und schrie vor Schmerz in ihren Geburtswehen. ³Ein anderes Zeichen erschien am Himmel: ein Drache, groß und feuerrot, mit sieben Köpfen und zehn Hörnern und mit sieben Diademen auf seinen Köpfen. ⁴Sein Schwanz fegte ein Drittel der Sterne vom Himmel und warf sie auf die Erde herab. Der Drache stand vor der Frau, die gebären sollte; er wollte ihr Kind verschlingen, sobald es geboren war. ⁵Und sie gebar ein Kind, einen Sohn, der über alle Völker mit eisernem Zepter herrschen wird. Und ihr Kind wurde zu Gott und zu seinem Thron ent-

rückt. ⁶Die Frau aber floh in die Wüste, wo Gott ihr einen Zufluchtsort geschaffen hatte; dort wird man sie mit Nahrung versorgen, zwölfhundertsechzig Tage lang. ⁷Da entbrannte im Himmel ein Kampf; Michael und seine Engel erhoben sich, um mit dem Drachen zu kämpfen. Der Drache und seine Engel kämpften, ⁸aber sie konnten sich nicht halten, und sie verloren ihren Platz im Himmel. ⁹Er wurde gestürzt, der große Drache, die alte Schlange, die Teufel oder Satan heißt und die ganze Welt verführt; der Drache wurde auf die Erde gestürzt, und mit ihm wurden seine Engel hinabgeworfen. ¹⁰Da hörte ich eine laute Stimme im Himmel rufen: Jetzt ist er da, der rettende Sieg, die Macht und die Herrschaft unseres Gottes und die Vollmacht seines Gesalbten" (Offb 12,1-10).

Es wurde viel Missbrauch mit solchen Texten getrieben. Zahlenangaben wurden wörtlich genommen. Der sogenannte Chiliasmus, der Glaube an das Ende der Welt nach 1000 Jahren, hat u. a. hier seine Wurzeln. Wenn sich am geschichtlichen Himmel bedrohliche Zeichen zeigten: Krieg, Naturkatastrophen ..., dann wurde aus der Apokalypse oder ähnlichen Teilen der Bibel zitiert und das Schreckensszenario noch auf die Spitze getrieben.

Die Offenbarung ist nicht nur etwas, was kommt, sondern ihre Zeichen sind immer gegenwärtig. Wir leben unter diesem Himmel, im Angesicht von Verfolgung und Anfechtung, aber auch schon ein wenig in der neuen Stadt, die vom Himmel herabkommt.

So wie unser Aus-Flug in die Bibel mit dem ersten Vers derselben begonnen hat, soll er hier auch enden, enden mit der Einladung, nun selbst loszufliegen, zu landen und wieder zu starten, jeden Tag bis, ja bis wir „über den Wolken" zur Landung ansetzen dürfen (Reinhard Mey ist sicher mit dieser Deutung einverstanden!).

„Dann sah ich einen neuen Himmel und eine neue Erde; denn der erste Himmel und die erste Erde sind vergangen, auch das Meer ist nicht mehr. ²Ich sah die heilige Stadt, das neue Jerusalem, von Gott her aus dem Himmel herabkommen; sie war bereit wie eine Braut, die sich für ihren Mann geschmückt hat. ³Da hörte ich eine laute Stimme vom Thron her rufen: Seht, die Wohnung Gottes unter den Menschen! Er wird in ihrer Mitte wohnen, und sie werden sein Volk sein." (Offb 21,1-3)

Die Bücher der Bibel – eine Übersicht

Das Alte Testament

Geschichtsbücher

Pentateuch (gr. Fünfbänder, er umfasst die fünf Bücher Mose, Tora des Mose, auch „die fünf Fünftel" genannt, was die inhaltliche Zusammengehörigkeit betont; in der jüdischen Tradition werden sie auch nach ihren Anfangsworten benannt, wie es heute noch bei Verlautbarungen der katholischen Kirche üblich ist). Der P. ist die größte zusammenhängende Sammlung der Bibel, er verbindet Erzählungen über die Erwählung des Volkes Israel mit Gesetzestexten, die auf das Verhältnis zwischen Israel und seinem Gott antworten.

Genesis (1. Buch Mose): **Gen.** Das Buch Genesis gliedert sich in die Urgeschichte (Schöpfungsberichte[!], Sündenfall: Schlange, Brudermord: Kain und Abel, Arche Noah, Turmbau zu Babel...), die Erzählungen über die Erzväter und Patriarchen Israels (Abraham, Isaak, Jakob, Josef: Ansiedlung in Ägypten), Altorientalische Erzählungen, Ortstraditionen werden aus mehreren Quellen (Autoren: Jahwist, Elohist, Priesterschrift) zu einer Einheit verbunden. Grundlegende Glaubensaussagen werden theologisch verarbeitet (Gottesebenbildlichkeit des Menschen, Erbschuld, Bundesgedanke).

Exodus (2. Buch Mose): **Ex.** Hier wird ein zentrales (Heils)Ereignis behandelt: die Befreiung des Volkes Israel aus der ägyptischen Gefangenschaft (Moserzählung: brennender Dornbusch, die Plagen: Heuschrecken, Durchzug durchs Schilfmeer). Unabhängig von einer historischen Verankerung kommt hierin die Erwählung und Erlösung als theologischer Gedanke zum Ausdruck. In der Wüstenwanderung und der Übergabe der 10 Gebote am Sinai kommt das lebendige, spannungsreiche Verhältnis Israels mit Jahwe, seinem Gott, zum Ausdruck.

Levitikus (3. Buch Mose): **Lev.** Die Bezeichnung geht auf den Stamm der Leviten, der Priesterschaft in Israel, zurück. Hauptsächlich werden Gesetzesbestimmungen aufgeführt und Vorschriften für das Zusammenleben aufgestellt („Leviten lesen" = Vorschriften machen). Wichtige theologische Themen werden behandelt: Schuld und Sühne, Sünde, Unterscheidung von rein und unrein.

Numeri (4. Buch Mose): **Num.** Hier wird die Geschichte fortgesetzt, die vom Zug des Volkes Israel durch die Wüste erzählt. Es kommt zur ersten Volkszählung (daher der Name: Numeri), das Volk erreicht die Grenze des „gelobten Landes".

Deuteronomium (5. Buch Mose): **Dtn.** Es hat seinen Namen von gr. ‚deuteros nomos' = zweites Gesetz, was ausdrückt, dass hier eine Weiterführung der rechtlichen Verfassung Israels verzeichnet wird („Tora" in Form eines altorientalischen Gesetzeskodex). In Form von Abschiedsreden wird die Geschichte der Landnahme bis zum Tod des Mose erzählt, der selbst nicht mehr in das „gelobte Land" einzieht. Inhaltlich erscheint Dtn als „Mitte des Alten Testaments" (der Dekalog = die 10 Gebote werden wiederholt). Der von Mose geschilderte „Tod des Mose" war einer der Ausgangspunkte für die Entstehung einer Textkritik, die sich mit Brüchen und Traditionsschichten in der Entstehung biblischer Schriften befasst.

Das Buch Josua (Jehoschua): **Jos.** Der Name bedeutet „Jahwe ist Rettung" und ist mit dem Namen Jesus identisch. Josua ist der Nachfolger des Mose, der das Volk endlich ins „gelobte Land" Palästina hineinführt. Es werden die Kämpfe bei der Landnahme geschildert (Einsturz der Mauern von Jericho durch Trompetenschall!), die Aufteilung des Landes nach Stämmen und die Konsolidierung der Verhältnisse. Das Buch Josua ist wahrscheinlich vom Pentateuch als Einzelschrift abgetrennt worden.

Das Buch der Richter: Ri. Berichtet von der Zeit, da „es noch keinen König gab", also aus der vorstaatlichen Zeit der Stämme Israel, wo Richter eingesetzt wurden, um Recht zu sprechen und die Besitzverhältnisse zu klären. Das Wort Richter ist aber in einem weiteren Sinne zu verstehen, auf das Gemeinwesen bezogen, deshalb auch die Bezeichnung Retterbuch.

Das Buch Rut (Ruth): **Rut** (hebr. Erquickung). Meisterhafte Erzählung mit ethisch-religiöser Aussage in Bezug auf die sogenannte Leviratsehe, d.h. beim Tod des Mannes musste dessen Bruder die hinterbliebene Frau ehelichen, außerdem Behandlung der Ausländerproblematik. Ausblick auf den erwarteten Messias (hebr. Gesalbter), den Retter Israels, wird gegeben.

Samuelbücher: Hier wird der Übergang zum Königtum in Israel berichtet, wie es sich über Samuel (hebr. „Gott ist sein Name"), Saul und David, *den* König, herausbildet. Hierher gehören die Erzählungen von den Kämpfen mit den Philistern, der Raub und die Rückkehr des Bundeslade. Größe und Schwäche menschlichen Handelns werden deutlich gemacht (David: David und Goliat, aber auch David und der Mord an Urija).
    Das 1. Buch Samuel (1. Buch der Königreiche): **1 Sam.**
    Das 2. Buch Samuel (2. Buch der Königreiche): **2 Sam.**

Bücher der Könige: Sie stehen in engem Zusammenhang mit den Samuelbüchern. Es werden die Königsdynastien aufgezählt, wobei die Könige scharf getadelt werden, die ausländische Gottheiten (meist durch Heirat) ins Land gebracht haben. Die Reinheit des Kultes gilt als Maßstab für den Fortbestand Israels. Da die meisten Könige ihre Pflicht nicht erfüllten, ist der Untergang Israels „vorprogrammiert".

Das 1. Buch der Könige (3. Buch der Königreiche): **1 Kön.**

Das 2. Buch der Könige (4. Buch der Königreiche): **2 Kön.**

Bücher der Chronik: Anliegen ist eine Geschichtsdeutung, weniger Ergänzung zu den Büchern Samuel und Könige. Es soll eine inhaltliche Abgrenzung zum Nordreich (Samaria) erfolgen, das nach einer ersten Spaltung des Volkes Israel entstanden ist. Die Bücher der Chronik berichten auch von der Sammlung der verstreuten Israeliten um den Jerusalemer Tempel nach der Rückkehr aus dem Exil (nach 587 v. Chr.).

Das 1. Buch der Chronik: 1 Chr.
Das 2. Buch der Chronik: 2 Chr.

Esra und Nehemia: Beide Bücher gelten als Einheit, werden von den Chronisten benutzt und mit den Büchern der Chronik zusammen von einer Hand redigiert (zur Endabfassung bearbeitet). Esra beschreibt besonders den Wiederaufbau des zerstörten Tempels nach dem Exil, das Verhältnis zum persischen Eroberer und den neuerlichen Missionsauftrag Israels.

Nehemia ist Mundschenk am persischen Hof, kehrt dann nach Jerusalem zurück, lässt die Tempelmauer wieder aufbauen, führt religiöse Reformen durch (Mischehenverbot). Sein Wirken trägt zur Konsolidierung nach dem Exil bei.

Das 1. Buch Esra (nur in der orthodoxen Bibel, in der Lateinischen Bibel im Anhang, auch als 3. Buch Esra bekannt): **1 Esr**

Das Buch Esra (auch als 1. Buch Esra oder 2. Buch Esra bekannt): **Esra**

Das 3. Buch Esra (nur in manchen orthod. Bibeln, in der Lateinischen Bibel im Anhang, auch als **2. Buch Esra oder 4. Buch Esra** bekannt): **3 Esr**

Das Buch Nehemia (auch als 2. Buch Esra bekannt): **Neh**

Das Buch Tobit (Tobias; nur in der röm.-kath. und orthod. Bibel): **Tob.** Erzählt die Geschichte eines Gerechten (Tobit), der in der Diaspora (der Fremde) der jüdischen Tradition treu bleibt (beerdigt einen Volksgenossen). Sein Sohn Tobias wird von Raphael (hebr. „Gott heilt"), einem Engel, auf einer wichtigen Reise begleitet, was zu Tobits eigener Rettung (aus Blindheit) und der Befreiung seiner zukünftigen Schwiegertocher Sara (Dämon wird besiegt) führt. Das Buch hat eine durchgehende Rezeption (Aufnahme, besonders in der religiösen Unterweisung) bis heute gefunden.

Das Buch Judit (nur in der röm.-kath. und orthod. Bibel): **Jdt.** Die Judit-Erzählung berichtet von der Befreiung des Volkes Israel durch eine mutige Frau (Judit= die Jüdin), die den assyrischen Despoten Holofernes tötet, einem in der Kunstgeschichte oft und gern dargestellten Ereignis. Im Hintergrund steht die Macht des assyrischen Königs Nebukadnezzar, der als Anti-Jahwe einen Weltherrschaftsanspruch vertritt.

Das Buch Ester (Esther; Teile des Buches nur in der röm.-kath. und orthod. Bibel): **Est.** Erzählt wird die Abwendung eines geplanten Judenprogroms durch die Jüdin E. und ihren Onkel Mordechai. Noch heute erinnert das Purim-Fest der Juden an diese Rettungstat.

Makkabäerbücher: Geschildert wird der Widerstandskampf einer jüdischen Gruppe gegen die Seleukidenherrschaft im 2. vorchr. Jh. Die hellenistischen Herrscher hatten Kult und Riten verboten, Zeus und ihre Götter eingeführt, die heiligen Schriften der Juden vernichtet. Der Widerstandskampf wurde trotz Niederlagen erfolgreich geführt, die Repressionen aufgehoben. Im Folgenden gelang es sogar geschickten jüdischen Politikern, eine Rejudaisierung durchzusetzen, die von stark messianischen Zügen geprägt war. Es werden bewegende Zeugnisse der Opferbereitschaft für den Glauben geschildert.

Das 1. Buch der Makkabäer (nur in der röm.-kath. und orthod. Bibel): **1 Makk**

Das 2. Buch der Makkabäer (nur in der röm.-kath. und orthod. Bibel): **2 Makk**

Das 3. Buch der Makkabäer (nur in der orthod. Bibel): **3 Makk**

Das 4. Buch der Makkabäer (nur als Anhang in der orthod. Bibel): **4 Makk**

Lehrbücher und Psalmen

Das Buch Ijob (Hiob, Job, ein kleiner Teil des Buches nur in der orthod. Bibel): **Ijob**. Es wird der Typos eines Weisen, Gerechten und Frommen dargestellt, der durch den Teufel versucht werden darf, alles verliert und um seinen Glauben an Gott ringt. Das Thema des Leidens eines Unschuldigen, Gerechten wird durch die geschichtlichen Ereignisse (Exil, Vertreibung) aufgeworfen. Gedeutet wird das Leiden als Gericht, das Gott schon jetzt schickt.

Die Psalmen (davon Psalm 151 nur in der orthod. Bibel, in der Lateinischen Bibel im Anhang): **Ps.** Psalmen gehören zur religiösen Volksdichtung und dienen als kultisches Gebrauchsgut. In vielen Gattungsformen (Bitt-, Dank-, Klagegebet u.a.) tritt der Gläubige vor Gott. Viele Psalmen wurden sicher auch gesungen.

Das Buch der Sprichwörter (Sprüche Salomos): **Spr.** Hierbei handelt es sich um eine Sammlung von Weisheitssprüchen, die in der altorientalischen Form eines Gesprächs von Vater/Lehrer und Sohn/Schüler vorgetragen werden. Die Weisheit tritt an vielen Stellen als Person auf und wird der Torheit gegenübergestellt.

Das Buch Kohelet (Ekklesiastes, Prediger Salomo): **Koh.** Die Frage nach dem Glück wird beantwortet, indem die Freude, die im gegenwärtig gelebten Augenblick von Gott kommt, als Lösung vorgestellt wird, alles andere ist „Windhauch" – Besitz, Ehre, zukünftige Güter, sie sinken in den Tod. Die Weisheitssprüche des Buches Kohelet sind in sich schlüssig aufgebaut und wollen anhalten, das Leben gut zu leben („carpe diem" – nütze den Tag).

Das Hohelied (Lied der Lieder, Hohelied Salomos): **Hld.** Die Liebe zwischen Mann und Frau wird geschildert und dient gleichzeitig als Metapher für die Beziehung zwischen Jahwe und seinem erwählten Volk. Es ist von erlesener literarischer Gestalt.

Das Buch der Weisheit (Weisheit Salomos; nur in der röm.-kath. und orthod. Bibel): **Weish.** Wohl das jüngste Buch des Alten Testamentes und nur in Griechisch abgefasst. Es geht um Aktualisierung der biblischen Botschaft und ihre Inkulturation in die gegenwärtige Zeit, d.h. für das Buch der Weisheit, dass die jüdisch-semitische Botschaft auch die hellenistische Epoche angeht und formen kann.

Das Buch Jesus Sirach (Weisheit Sirachs, Ekklesiastikus; nur in der röm.-kath. und orthod. Bibel): **Sir.** Anliegen des Buches ist die Anwendung der atl. Weisheit auf die bestehende Zeit. Es geht um die Zeitgemäßheit des Elterngebots, um Freundschaft, Ehre, Ehrgefühl, Scham und Schande, auch die Rolle der Frau wird angesprochen.

Das Gebet des Manasse (nur in den Apokryphen der Lutherbibel, im Anhang der lateinischen Bibel und in manchen orthod. Bibeln): **GebMan**

Die Klagelieder des Jeremia (im katholischen Kanon nach Jeremia): **Klgl**

Propheten

Das Buch Jesaja (Jeschajahu, Isaias, Esaias): **Jes**. Wichtigstes prophetisches Buch des Alten Bundes. Nach textkritischer Untersuchung aus drei unabhängig entstandenen Teilen bestehend, spricht es vom Leiden Israels, vom kleinen Rest, der Jahwe treu bleibt und dem der Messias verheißen ist.

Das Buch Jeremia (Jirmejahu, Jeremias): **Jer**. Der Prophet Jeremia tritt als historische Gestalt klar zutage. Er warnt Israel vor einem sinnlosen Widerstand gegen Babylon, was ihn in Misskredit bringt, wenngleich sich seine Voraussagen dann in Form des Exils erfüllen. Doch Jeremia verheißt auch eine Rückkehr zu Jahwe, dessen Wort Israel „aufs Herz geschrieben" sein wird.

Die Klagelieder (Jeremias) (im evangelischen Kanon bei den Lehrbüchern): **Klgl**. Wohl kaum von Jeremia verfasst, beklagt das Buch den Untergang Judas (586 v.Chr.), beschreibt das Leiden des Volkes als Strafe für die Sünde. Es wird liturgisch im Judentum am Gedenktag der Tempelzerstörung und katholischerseits in der Karwoche zum Gedenken an den Tod Jesu gelesen.

Das Buch Baruch (nur in der röm.-kath. und orthod. Bibel): **Bar**. Baruch war Vertrauter und Helfer des Jeremia, ein Schreiber, der die zum Teil verbrannten Schriftrollen wieder erneuerte. Sein Buch enthält Bußgebete,

Weisheits- und Trostlieder, die sich u.a. auf die Zerstörung Jerusalems beziehen.

Das Buch Ezechiel (Jecheskel, Jezekiel, Hesekiel): **Ez**. Wohl eine historische Gestalt, Priester im Umfeld von Jerusalem, ist Ezechiel Unheils- (vor dem Exil) wie Heilsprophet (nach der Einnahme Jerusalems) zugleich. Ihm geht es vor allem darum, dem Volk einen Neubeginn zu verkünden (eindrückliches Bild der wiederbelebten Gebeine!).

Das Buch Daniel (Teile des Buches nur in der röm.-kath. und orthod. Bibel): **Dan**. Die wahrscheinlich legendäre Gestalt des Daniel, der am Hof eines Femdherrschers Dienste tut, aber seinem Gott treu bleibt, will den Glauben Israels an seine Zukunft stärken. Der „Daniel in der Löwengrube", aber auch der Bericht vom „Menetekel" an der Wand des königlichen Palastes gehören zu den literarisch und kulturgeschichtlich fortwirkenden Teilen des Buches.

Die Zwölf (kleinen Propheten)

Diese werden im Judentum zu einem Buch zusammengefasst und Das Buch der Zwölf genannt.

Das Buch Hosea (Hoschea, Osee): **Hos**. Neben Amos der älteste Schriftprophet in Israel (Wirkungszeit etwa 8. Jh. v. Chr.). Er vergleicht das Verhältnis Israels zu seinem Gott mit einer Ehe, in der es Ehebruch begeht mit fremden Göttern. Als Gleichnis gilt Hoseas eigene Ehe, er gibt seinen Kindern symbolische Namen.

Das Buch Joël: Joël. Der Name darf als Bekenntnis aufgefasst werden (Joel – hebr. Jahwe ist Gott). Anliegen der Schrift ist die Mahnung, dass von der Bekehrung Israels das Heil aller abhängt.

Das Buch Amos: Am. Der selbst aus begütertem Hause stammende Prophet klagt Israel an, das sich in Selbstsicherheit Jahwe gegenüber wiegt. Recht und Gerechtigkeit sind die großen Themen des Amos, der Klage erhebt über die Bedrückung der Armen und Kleinen im Land.

Das Buch Obadja (Obdias): **Obd**. Um die Königsherrschaft Jahwes geht es in diesem kleinen Buch, dessen Autorschaft sich nur schwer identifizieren lässt.

Das Buch Jona (Jonas): **Jona**. Das Werk ist literarkritisch schwer einordbar. Wenn Jona (hebr. die Taube) auch wohl keine historische Gestalt war, so gehört doch sein Gang nach Ninive zu den Heiden, deren Bekehrung, seine vorherige Flucht und sein Abtransport durch einen großen Fisch („im Bauch des Wales") zu den allseits bekannten biblischen Berichten. Jona kündet von der Barmherzigkeit Gottes, wenn der Mensch sich ihm neu zuwendet.

Das Buch Micha (Michäas): **Mi**. Der Prophet war ein Zeitgenosse Hoseas und Jesajas (8. Jh. v. Chr.), neben Droh- und Gerichtsworten klingt stark das Motiv der Messias-Verheißung an.

Das Buch Nahum (Nachum, Naoum): **Nah**. Der Stadt Ninive (vgl. Jona) wird der Untergang angedroht. Diese steht symbolisch für alles Gottlose, Gottwidrige.

Das Buch Habakuk (Chabakkuk, Ambakoum): **Hab**. Der Prophet begrüßt die babylonische Femdherrschaft als Strafgericht gegen das sündige Israel, leidet dann aber zunehmend selbst unter den Bedrückern. Die Schrift ist dialogisch aufgebaut und gilt als endzeitliches Buch.

Das Buch Zefanja (Zfanja, Sophonias): **Zeph**. Ein „Kompendium der Prophetie" wird das nur drei Kapitel umfassende Buch genannt, weil es einen ausgewogenen Querschnitt der wichtigen prophetischen Themen bietet. Die Ankündigug eines Tages des Zorns (lat. dies irae) tritt stark in den Vordergrund, diesem Gericht werden nur die Demütigen im Land entkommen.

Das Buch Haggai (Chaggai, Aggäus): **Hag**. Im 6. Jh. v. Chr. geht es dem Propheten um den Wiederaufbau des Tempels, der dem Volk wieder eine liturgische und damit auch Lebensmitte geben soll.

Das Buch Sacharja (Secharja, Zacharias): **Sach**. Auch dieses Buch ist aus mehreren Teilen entstanden. Inhaltlich geht es um die Neuorientierung und Sammlung des Volkes um den Tempel als Mitte Israels. Die Art der Darstellung wird als „dunkel" empfunden (Hieronymus, Übersetzer der Bibel ins Lateinische: Vulgata).

Das Buch Maleachi (Malachi, Malachias): **Mal**. Das mit „mein Bote" oder „Engel" zu übersetzende Buch hat wohl keinen konkreten Propheten zum Autor, will vielmehr das Ringen um Gerechtigkeit und die Besinnung auf Gesetz und Prophetie im Allgemeinen erwecken. Im vorletzten Vers des Alten Testaments heißt es dann: „Bevor aber der Tag des Herrn kommt, der große und furchtbare Tag, seht, da sende ich zu euch den Propheten Elija". Auf diesen Vers bezieht sich dann schon die Vermutung im Neuen Testament, dass Johannes der Täufer als Vorläufer Jesu diesem, dem Messias, vorausgeht (vgl. Mt 11,11-14).

Das Neue Testament

Das Evangelium nach Matthäus: Mt. Matthäus oder auch Levi wird von Jesus von seiner Zollstelle weg berufen. Er soll sein Evangelium in Aramäisch geschrieben haben (Text existiert nicht mehr) und als Martyrer gestorben sein. Im Matthäus-Evangeliium geht es um das Kommen des „Immanuel" (hebr. Mit uns ist Gott), ein dem Evangelium vorgeschalteter Stammbaum will die Beziehung zum Alten Bund belegen. Jesus wird auch als der immer in seiner Kirche gegenwärtige dargestellt. Das Matthäus-Evangelium ist für einen jüdischen Leserkreis geschrieben, es hat eine missionarische Ausrichtung (Taufbefehl am Ende des Evangeliums).

Das Evangelium nach Markus: Mk. Ältestes (und kürzestes) Evangelium, auf das sich das Matthäus- und das Lukas-Evangelium beziehen. Der Evangelist Markus gilt der Tradition nach als Schüler des Paulus und Dolmetscher des Petrus, er soll der erste Bischof von Alexandrien in Ägypten gewesen sein. Jesus offenbart sich im Markus-Evangelium als der Christus, der Sohn Gottes, der durch Wirken, Leiden, Tod und Auferstehung das Heil für die Menschen wirkt. Jesus verkündigt in Mk das Kommen der „Königsherrschaft Gottes". Gattungsgeschichtlich gilt Mk als „literarisches Novum", das die Gattung der Evangelien begründet.

Das Evangelium nach Lukas: Lk. Das Lukas-Evangelium ist durch seine Weihnachtsgeschichte bekannt, mit der es beginnt. Lukas soll der Überlieferung nach Arzt gewesen sein, ein Schüler des Paulus. Sein Evangelium spricht von der Barmherzigkeit Gottes (Gleichnis vom „verlorenen Sohn"), Lukas will in der Diaspora (außerhalb von Palästina), bei den sogenannten Heiden für die Botschaft des Evangeliums werben, er gilt auch als der Verfasser der Apostelgeschichte, was ein Interesse an der Kirche zeigt,

als der Gemeinde, in der Christi Botschaft fortlebt.
Das Evangelium nach Johannes: Joh. Unterscheidet sich stark von den anderen sogenannten synoptischen Evangelien. Es ist stärker reflektierend und hat bei aller Zeit- und Ortskenntnis doch ein stärker theologisches Anliegen. Die Doxa, die Herrlichkeit Gottes, offenbart sich im Sohn und gleichzeitig ist die Beziehung von Vater und Sohn das Modell für das Leben der Jünger (zentrales Liebesgebot, neues Gebot der gegenseitigen Liebe nur bei Johannes). Auch der Geist Gottes tritt in den Vordergrund und ermöglicht so die spätere Ausformulierung des Trinitätsgedankens (Gott ist dreifaltig: Vater-Sohn-Hl. Geist). Johannes gilt als der Lieblingsjünger Jesu, der oft an seiner Brust ruhend dargestellt wird (letztes Abendmahl). Die Tradition schreibt Johannes noch einige Briefe und die Verfasserschaft der „Offenbarung des Johannes" zu.

Die Apostelgeschichte (Taten der Apostel): **Apg**. Schildert die Ereignisse nach der Auferstehung Jesu, seine Himmelfahrt, die Geistsendung am Pfingstfest, das Wachsen der ersten christlichen Gemeinden, das Wirken einiger Apostel, besonders die Missionsreisen des Paulus. Sie gilt als die erste „Kirchengeschichte". Kurz vor dem Märtyrertod des Petrus und Paulus in Rom bricht sie ab.

Briefe

Paulusbriefe
Der Brief an die Römer: Röm. Obwohl der letzte Brief des Paulus, ist er wegen seiner Bedeutung an den Anfang der paulinischen Schriften gestellt. Der Römerbrief spricht von der „sola fides", dass allein der Glaube an Christus rettet, keine anderen „Werke" sind notwendig (besonders bezogen auf die Frage, ob ein Heide zuerst Jude und dann Christ werden müsse). Es geht um ein Leben aus dem Geist, nicht nach dem Gesetz. Paulus

bereitet mit diesem Brief seinen Besuch bei der (wohl von Petrus gegründeten) Gemeinde in Rom vor, die er noch nicht kennt.

Korintherbriefe: Die Gemeinde wurde von Paulus im Zuge der 3. Missionsreise zw. 49 u. 51 n. Chr. gegründet. Es handelt sich überwiegend um Heidenchristen.

>**Der 1. Brief an die Korinther: 1 Kor**. Im Mittelpunkt steht die Botschaft vom gekreuzigten Christus als Grund und Maßstab christlicher Identität. Der Leib Christi ist Vorbild und Gestalt seiner Kirche, dessen Lebensprinzip die Liebe ist (Hohes Liede der Liebe Kap. 13). Der Mensch wird mit Leib und Seele auferstehen.
>
>**Der 2. Brief an die Korinther: 2 Kor**. Dienst am Evangelium bedeutet die Akzeptanz des Apostedienstes. Ist der Apostel selbst auch ein schwacher Mensch, so ist er doch als von Christus gesandt darin stark und vertritt mit Autorität seine Lehre.

Der Brief an die Galater: Gal. Diese Gemeinde wurde von Paulus auf seiner 2. Missionsreise (Galatien und Phrygien) gegründet. Paulus verteidigt und begründet seine Sendung zu den Heiden, tadelt sogar den Petrus, der sich noch dem jüdischen Gesetz verpflichtet fühlt (Beschneidung). Es geht um die Verheißung, dass alle zu Söhnen und Töchtern Gottes berufen sind.

Der Brief an die Epheser: Eph. Spricht von der Kirche als dem Weg des Heils, vom „neuen Menschen", den es anzulegen gilt. Der Epheserbrief gilt nach Stil und theologischer Aussage als das Werk eines Apostelschülers.

Der Brief an die Philipper: Phil. Paulus schreibt aus dem Gefängnis. Er macht der Gemeinde in Philippi Mut. In einem Christushymnus preist er das Leiden und die Hingabe des Herrn als Preis der Erlösung. Der Brief stammt von Paulus, hat aber wohl einige redaktionelle Veränderungen erfahren.

Der Brief an die Kolosser: Kol. Es wird eine nachpaulinische Verfasserschaft angenommen. Aussage des Briefes ist die Gewissheit, dass in Christus das Heil gekommen ist und keine anderen Heilslehren nötig sind (Abgrenzung gegen eine zeitgenössische „Philosophie der Erlösung").

Thessalonicherbriefe: Während 1 Thess als der älteste Teil des Neuen Testaments gilt, ist die Autorschaft von 2 Thess umstritten.
> **Der 1. Brief an die Thessalonicher: 1 Thess**. Der jungen Gemeinde in Makedonien, dessen Hauptstadt Thessaloniki ist, will Paulus Mut machen. Die Gläubigen bedrängt die Sorge um die Verstorbenen vor der Zeit der Glaubensannahme. Auch sie sind in Christus. Paulus spricht Fragen des Besitzes und der Sexualität an, spricht über Nächstenliebe und die Hoffnung auf ein Leben nach dem Tod.
> **Der 2. Brief an die Thessalonicher: 2 Thess**. Ohne einen eindeutigen Adressaten erkennen zu lassen, nimmt 2 Thess den Gedanken von der Parusie (Wiederkunft des Herrn) auf: „Der Tag des Herrn ist schon da!" (2,2). Das Leben des Christen vollzieht sich in der Spannung von Gnade und Bewährung.

Pastoralbriefe: An Timotheus und Titus gerichtete Briefe als an pastorale Mitarbeiter gerichtete Schreiben. Es wird eine nachpaulinische Verfasserschaft für alle drei Briefe angenommen, jedoch aus einer Hand und unter Kenntnis von Paulusbriefen. Das Vermächtnis des Paulus soll fortgesetzt werden. Gemeindeleitern soll der Inhalt der Botschaft des Völkerapostels in einer den neuen Verhältnissen angepassten Form vermittelt werden, vor allem gegen Falschlehrer, die ein Eheverbot, unerlaubte

Speisen vertreten und eine künftige Totenerweckung leugnen.

Der 1. Brief an Timotheus: 1 Tim.
Der 2. Brief an Timotheus: 2 Tim.
Der Brief an Titus: Tit.

Der Brief an Philemon: Phlm. Dem Philemon ist Onesimus, ein Sklave, entlaufen. Durch den Kontakt mit Paulus wird dieser Christ wie sein Herr. Nun sendet Paulus den Sklaven zurück und bittet Philemon, diesen von nun an als Bruder, nicht mehr als Sklaven, zu betrachten. Die gesellschaftliche Brisanz ist noch heute spürbar.

Der Brief an die Hebräer: Hebr. Hier findet man das beste Griechisch des Neuen Testaments, einen wohldurchdachten Aufbau und klare Aussagerichtung. Es geht um die Stärkung des Glaubens für Gemeinden, die aus der ersten Begeisterung in eine gewisse Ernüchterung und Trägheit gesunken sind. Als Adressat gelten quasi alle (Hebräer ist ja die allgemeine Anrede an die Juden, mithin intendiert alle Christen). Als Verfasser wird ein hochgebildeter Judenchrist angenommen, der dieses Schreiben gegen Ende des ersten nachchr. Jh. abfasst.

Katholische Briefe

Der Brief des Jakobus: Jak. Mit dem Satz „Werdet aber Täter des Wortes, nicht nur Hörer" (1,22) klingt ein Thema an, das über Luther bis heute wirksam ist: Glaube muss – und er tut es auch – zur Tat drängen. Die Autorschaft der Apostels Jakobus (Leiter der Jerusalemer Gemeinde) wird wohl nur als Autoritätsbeleg behauptet. Der Jakobusbrief ist eine Weisheitsschrift, die den christlichen Glauben in Bezug auf christliche Lebenspraxis beleuchtet.

Petrusbriefe: Aufgrund starker formaler Unterschiede wird eine gemeinsame Verfasserschaft der beiden Briefe bezweifelt.

Der 1. Brief des Petrus: 1 Petr. Stil und Wortwahl des Briefes lassen einen anderen Verfasser als den Apostel Petrus vermuten, die Theologie des Briefes ist paulinisch orientiert. Gerichtet ist er an Christen in heidnischer Diaspora. Er ermahnt neben einem Wachsen im Glauben u. a. zur bewussten Feindesliebe. Geschrieben in Rom, für das das Synonym „Babylon" steht.

Der 2. Brief des Petrus: 2 Petr. Eine Streitschrift, die sich zwar auf die Augenzeugenschaft des Petrus beim Verklärungsereignis auf dem Tabor beruft, aber wohl kaum von Petrus stammen kann, da Wortwahl und der Bezug zu paulinischen Schriften sowie auf den Judasbrief eine zeitliche Diskrepanz begründen. Der 2. Petrusbrief polemisiert stark gegen die Abtrünnigen, die nicht mehr an eine Wiederkehr Christi glauben wollen.

Johannesbriefe: drei Briefe, die nur bedingt dem Verfasser des Johannesevangeliums zugeschrieben werden.

Der 1. Brief des Johannes: 1 Joh. Der Beginn dieses größten der drei Briefe erinnert an den Beginn des Johannesevangeliums. Er tritt Spaltungstendenzen in der Gemeinde gegenüber. In ihm befindet sich der lapidare und fundamentale Glaubensausdruck: „Gott ist (die) Liebe" (4,8.16).

Der 2. Brief des Johannes: 2 Joh. Dieser und der folgende 3 Joh richten sich gegen Irrlehrer, denen der Eintritt in die Gemeinden verwehrt werden muss.

Der 3. Brief des Johannes: 3 Joh. Der johanneische Gemeindeverband scheint zu zerfallen, dem wollen 2 und 3 Joh entgegenwirken.

Der Brief des Judas: Jud. Der Verfasser behauptet, ein Bruder des Apostelfürsten Jakobus zu sein, was vor allem dessen Autorität verrät. Die strukturierte Schrift richtet sich gegen Wandercharismatiker, die von der apostolischen Überlieferung abweichen, die Allmacht Gottes ebenso bestreiten wie die einzige Mittlerschaft Christi.

Die Offenbarung des Johannes: Offb (auch Apokalypse genannt). Als Verfasser wird ein Missionar aus Palästina vermutet, der schwerlich mit dem Apostel Johannes identisch sei. Adressat des Schreibens sind zwar sieben namentlich genannte Gemeinden aus dem Umfeld und Ballungsgebiet von Ephesus, intendiert sind aber alle Gemeinden (7 als Zahl der Vollkommenheit). Das Werk spricht in dramatischen Bildern von der Bedrängnis und Verführungsmacht des römischen Staates und seiner Macht. Das Bild der himmlischen Stadt, des Neuen Jerusalems, stellt ein „schon und noch nicht" in der Verkündigung dar. Apokalypse heißt Enthüllung von Sinn, nicht Androhung kommenden Unheils.

Abkürzungen:

Am: Amos (Buch)
Apg: Apostelgeschichte
Bar: Baruch
1 Chr: 1. Buch der Chronik
2 Chr: 2. Buch der Chronik
Dan: Daniel (Buch)
Dtn: Deuteronomium
Eph: Epheserbrief
Esra: Buch Esra
1 Esr: 1. Buch Esra
2 Esr: 2. Buch Esra
3 Esr: 3. Buch Esra
4 Esr: 4. Buch Esra
Est: Buch Ester
Ex: Exodus
Ez: Ezechiel (Buch)
Gal: Galaterbrief
GebMan: Gebet des Manasse
Gen: Genesis
Hab: Habakuk
Hag: Haggai
Hebr: Hebräerbrief
Hld: Hoheslied
Hos: Hosea
Ijob: Ijob
Jak: Jakobusbrief
Jdt: Buch Judit
Jer: Jeremia (Buch)
Jes: Jesaja
Joël: Buch Joël
1 Joh: 1. Johannesbrief
2 Joh: 2. Johannesbrief
3 Joh: 3. Johannesbrief
Joh: Johannesevangelium
Jona: Jona (Buch)
Jos: Josua (Buch)
Jud: Judasbrief
Klgl: Klagelieder Jeremias
Koh: Kohelet
Kol: Kolosserbrief
1 Kön: 1. Buch der Könige
2 Kön: 2. Buch der Könige
1 Kor: 1. Korintherbrief
2 Kor: 2. Korintherbrief
Lev: Levitikus
Lk: Lukasevangelium
1 Makk: 1. Makkabäerbuch
2 Makk: 2. Makkabäerbuch
3 Makk: 3. Makkabäerbuch
4 Makk: 4. Makkabäerbuch
Mal: Maleachi
Mi: Micha (Buch)
Mk: Markusevangelium
Mt: Matthäusevangelium
Nah: Nahum
Neh: Buch Nehemia
Obd: Obadja
Offb: Offenbarung des Johannes
1 Petr: 1. Petrusbrief
2 Petr: 2. Petrusbrief
Ps: Buch der Psalmen
Phil: Philipperbrief
Phlm: Philemonbrief
Ri: Buch der Richter
Röm: Römerbrief
Rut: Buch Rut
Sach: Sacharja (Buch)
1 Sam: 1. Buch Samuel
2 Sam: 2. Buch Samuel
Sir: Jesus Sirach
Spr: Buch der Sprichwörter
1 Thess: 1. Thessalonicherbrief
2 Thess: 2. Thessalonicherbrief
1 Tim: 1. Timotheusbrief
2 Tim: 2. Timotheusbrief
Tit: Titusbrief
Tob: Buch Tobit
Weish: Buch der Weisheit
Zeph: Zephanja

Learning by doing – Fliegen lernt man durch Fliegen
Wer durch die Lektüre dieses Büchleins Lust bekommen hat dran zu bleiben, dem seien drei (von vielen guten) Internetseiten empfohlen, neben all der Literatur, die es über die und zur Bibel gibt. Hauptquelle bleibt natürlich die Bibel selbst.

www.evangeliumtagfuertag.org: Kann kostenlos abonniert werden und bringt jeden Tag (oder in anderem gewünschten Rhythmus) die Lesungen des katholischen liturgischen Kalenders, dazu Erklärungen und die Tagesheiligen.

www.auftanken.de: Gibt täglich Impulse zur Schriftlesung aus evangelischer Sicht und bringt auch das tägliche Losungswort der Herrnhuter „Losungen", die auch in der Ökumene große Akzeptanz gefunden haben.

www.fokolar-bewegung.de: Hier wird ein „Wort des Lebens" für je einen Monat vorgeschlagen. Ein Kommentar erläutert das Schriftwort und gibt Hilfestellung, wie es ins tägliche Leben umgesetzt werden kann. Eine Version wird auch für Kinder angeboten.

Literatur, die für die Abfassung dieses Buches nützlich war, aber auch eine gesonderte Lektüre wert ist:
Christoph Dohmen: Die Bibel und ihre Auslegung. München 2002, 2. Aufl.
Hubert Halbfas: Die Bibel – erschlossen und kommentiert. Düsseldorf 2001, 2. Aufl.
Lexikon für Theologie und Kirche. Freiburg 1993-2001, 11 Bde.